玩出創意

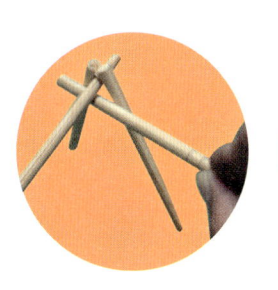

120個創新科學遊戲

許良榮◎主編

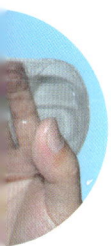

五南圖書出版公司 印行

編者的話

近年來坊間有關科學趣味實驗、科學遊戲的書籍，如雨後春筍般大量出版，但是是否具有教育價值，值得家長、老師、學者與大眾的關切。

本書是國科會之科普計畫的產物，共14名成員的研究小組經過廣泛蒐集資料、篩選、實際操作、腦力激盪，完成了八大主題，總計120項的親子科學遊戲。目的在提供家長、教師以及社會大眾一個具有趣味性、生活化，並融入教育意涵的科學遊戲。

書中每一項科學遊戲都包含了器材、操作步驟、給親師的話以及原理的說明。本書「創新」之意乃在於每一項科學遊戲都經過實際的試驗操作，不是直覺性的編輯，並經過小朋友與教師的檢核。檢核的項目包括：小朋友的興趣、安全性、器材的容易取得、國中小課程的重疊性等。最後由學科專家審查，讓科學原理的說明能具備正確性與恰當性。期望透過嚴謹的學術研究歷程，讓本書更具實用性、教育性，讓讀者經由輕鬆趣味的科學遊戲，窺探科學的美與奧妙。

本書最後收錄有關科學遊戲如何應用於教學、中小學科學展覽的論述，以供中小學教師參考。

國立台中教育大學科學教育與應用學系退休教授

主編 **許良榮** 謹識

目錄

第 1 篇
力的科學遊戲　1

1. 一柱擎天 — 2
2. 船過水無痕 — 4
3. 扭蛋爬升人 — 6
4. 動力橡皮筋 — 10
5. 啄木鳥 — 12
6. 提起三角鼎 — 14
7. 神奇的平衡 — 16
8. 站立的鉛筆 — 18
9. 鐵釘平衡 — 20
10. 平衡一線間 — 22
11. 小球變大球 — 24
12. 投石器 — 26
13. 小超人 — 28
14. 螺絲鑽 — 30
15. 線軸車 — 32
16. 衝吧！氣球火箭 — 34
17. 旋轉的寶特瓶 — 36
18. 攀爬高手 — 38
19. 超感應單擺 — 40
20. 勁爆摩天輪 — 42

第 2 篇
水的科學遊戲　43

21. 水力船 — 44
22. 浮沉玩偶 — 46
23. 創意水彩畫 — 49
24. 會打結的水 — 52
25. 寶特瓶的龍捲風 — 54
26. 當乒乓球遇見水 — 56
27. 液體彩虹 — 58
28. 會跳舞的葡萄乾 — 60
29. 裹蠟杯的特異功能 — 62
30. 紙花 — 64
31. 不沉鐵絲 — 66
32. 水上年輪 — 68
33. 不漏水的網子 — 70
34. 浮在空中的泡泡 — 72
　　玩泡泡、拉泡泡 — 74
35. 　一、花樣百出玩泡泡 — 74
36. 　二、拉大泡泡 — 77
37. 自由進出泡泡框 — 80
38. 改變形狀的泡泡膜 — 82
39. 冰凍泡泡 — 84
　　泡泡幾何學 — 86
40. 　一、二維泡泡 — 86
41. 　二、三維泡泡 — 88
42. 戳不破的泡泡 — 90
43. 可觸摸泡泡 — 92

玩出創意 120 個創新科學遊戲

第 3 篇
空氣的科學遊戲　95

- 44. 力大無窮的報紙　96
- 45. 水電梯　98
- 46. 空氣魔術師　100
- 47. 不會漏水的破瓶子　102
- 48. 寶特瓶裡有噴泉　104
- 49. CD 氣墊船　106
- 50. 吹不大的氣球　108
- 51. 氣球的舞動　110
- 52. 氣艇　112
- 53. 氣球上的小風車　114
- 54. 氣球棒棒糖　116
- 55. 乒乓球的吸引力　118
- 56. 投籃高手　120
- 57. 怪怪飛行器　122
- 58. 轉個不停的棉線　125
- 59. 轉動圓盤　128
- 60. 空氣水槍　130
- 61. 空氣槍　132
- 62. 空氣砲彈　134
- 63. 手壓式風車　136
- 64. 飛行高手　138
- 65. 紙蜻蜓　140
- 66. 酷炫紙飛機　142

第 4 篇
聲音的科學遊戲　145

- 67. 公雞咯咯啼　146
- 68. 自以為是鐘的湯匙　148
- 69. 風的聲音　150
- 70. 彈回來的聲音　152
- 71. 吸管笛　154
- 72. 伸縮喇叭　156
- 73. 玻璃音樂　158
- 74. 紙砲　160

第 5 篇
電與磁的科學遊戲　163

- 靜電的遊戲　164
- 75. 一、吸管討厭吸管　165
- 76. 二、氣球頭飾　166
- 77. 三、電視機螢幕的神奇效果　167
- 78. 小閃電　170
- 79. 燈泡暗亮隨身變　172
- 80. 會散步的鋁罐　174
- 81. 魔力湯匙　175
- 82. 帆船大集合　176
- 83. 空飄針　178
- 84. 飛舞的蝴蝶　180
- 85. 轉不停的線圈　182
- 86. 神奇隕石　184

第 6 篇
熱的科學遊戲　185

87.	溫水也冒泡	186
88.	冷水、熱水大不同	188
89.	救火紙條	190
90.	空瓶吞雞蛋	192
91.	鋁罐壓扁扁	194
92.	奇妙的海底火山	196
93.	迷你小天燈	198
94.	硬幣之舞	200
95.	搶救熄滅的蠟燭	202
96.	橘子皮煙火	204
97.	燒不起來的手帕	205
98.	燭芯的材料	206
99.	如何拿出錢幣？	208
100.	吸氣功	210

第 7 篇
光的科學遊戲　213

101.	做一台照相機	214
102.	小小偵測員	216
103.	銅板不見了	218
104.	數字魔法秀	220
105.	色盤轉轉	222
106.	藍色光的影子有顏色	224
107.	光的美麗看得見	226
108.	彩虹的美麗看得見	228
109.	光之舞	230
110.	羽毛上的光帶	232

第 8 篇
化學的科學遊戲　233

	醋與小蘇打的作用	235
111.	一、火山爆發	235
112.	二、有吹力的粉	236
113.	三、氣泡復活	237
114.	豆腐的奧秘	238
115.	移動的色彩	240
116.	無字天書（一）	242
117.	無字天書（二）	243
118.	無字天書（三）	244
119.	膨糖	246
120.	燃燒的方糖	248

附錄　251

附錄 1：從科學遊戲到科學教學	252
附錄 2：科普活動設計： 以「泡泡世界」為例	263
附錄 3：如何由科學遊戲設計科學展覽	275

第一篇

力的科學遊戲

1 一柱擎天

吃飯要用筷子，把米粒提起來也能用筷子嗎？

實驗影片QRC

▶ 器材

米、竹筷、養樂多瓶（或量米杯）。

▶ 操作步驟

1. 將空的養樂多瓶裝滿米，用手蓋住瓶口輕敲，使米粒扎實。米粒高度會下降，再繼續加入米粒，反覆幾次，直到無法再加米。（如圖1）
2. 用手掌壓住瓶口與米粒，把筷子從手指間插入。（如圖2）
3. 握住筷子，慢慢往上提，整杯米跟著筷子一起被提上來囉！（如圖3）

圖1 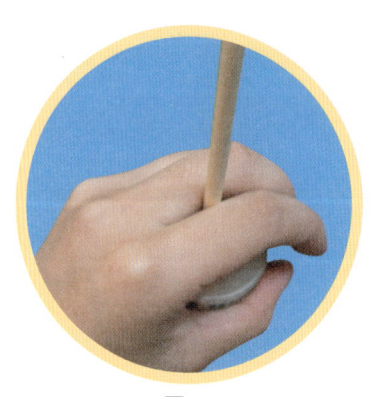　　　　　　圖2 　　　　　　圖3

▶ 給親師的話

要成功的把整瓶米提起來,主要關鍵是容器中的米要扎實,以增加摩擦力,而裝米的容器越輕小,越容易成功。

遊戲成功後,可以試試看將米換成其他較大顆粒的,如:沙子、小石頭、綠豆……。顆粒小至沙、大至綠豆都可成功,但顆粒若再大,如紅豆、花生和小石頭,則因顆粒太大或太重而比較無法成功。當小朋友各選一種材料成功完成後,可以比賽誰能在空中撐最久。(和綠豆相比,裝米的罐子能在空中撐較久。)

▶ 原理

當兩個物體接觸時且有外在作用力或兩個物體進行相對運動時,就會產生摩擦力。米粒和米粒間、米粒和筷子間及米粒和容器間都有摩擦力,當米粒被壓得越扎實,則米粒、筷子及容器三者間的摩擦力就越大,阻止彼此間的相對運動,使得插在容器中的筷子可以將整杯的米都提上來。(如圖4)

如果用紅豆、花生……顆粒較大的物體取代米粒,則因為筷子與這些較大顆粒間的摩擦力小於整體的重量,就無法成功。

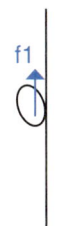

以米粒和筷子間的摩擦力為例,一個米粒就有一個摩擦力。

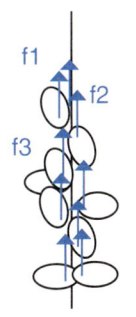

米粒被壓得越扎實,則摩擦力就可能越大,阻止彼此間的相對運動。

摩擦力
= f1 + f2 + f3 + ……

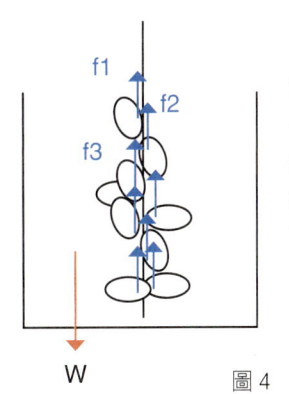

當 f1 + f2 + f3 + … > W(整體的重量),就能將整杯米提起來了。

圖4

2 船過水無痕

鉛筆插入裝水的塑膠袋，水一定會流出嗎？

實驗影片QRC

▶ **器材**

鉛筆、塑膠袋。

▶ **操作步驟**

把塑膠袋裝水，捏住袋口，再將鉛筆從底部插入（快慢皆可），水不會從插鉛筆的洞流出來喔！

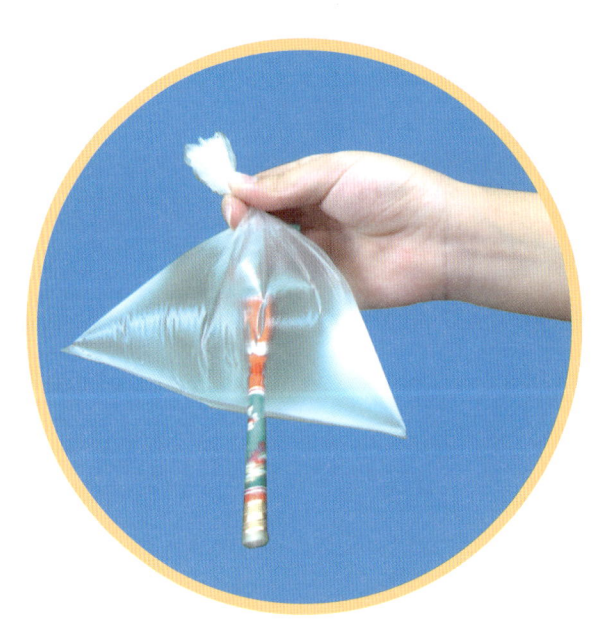

▶ 給親師的話

　　鉛筆可換成原子筆或其他筆類，但如果筆身太粗，水還是會流出來。把鉛筆插入塑膠袋時，不論是慢慢旋入還是快速插入，都會有相同的效果。

　　成功完成這個遊戲後，指導小朋友試一試插入第二根、第三根筆，水還是不會流出來嗎？

▶ 原理

　　塑膠袋的主要成分是「聚乙烯」，聚乙烯是一種具有彈性的長鏈狀高分子，當鉛筆插入塑膠袋時，長鏈狀的聚乙烯分子被推開，並包圍著鉛筆周圍，形成了密封狀態，即時有空隙，也會因為表面張力，而使水無法流出。

MEMO

3 扭蛋爬升人

扭蛋裡的玩具拿出來後,扭蛋殼不要丟掉,可以做成更好玩的玩具喔!

實驗影片QRC

▶ **器材**

扭蛋殼(上下要有兩個孔)、棉線(粗細可穿過扭蛋孔)、膠帶、剪刀、吸管。

▶ **操作步驟**

1. 將長約 50 公分的棉線穿過蛋殼的上下二個洞,並把扭蛋殼蓋起來,再用膠帶將上下蛋殼固定(如果蛋殼可旋緊,就不必貼膠帶)。(如圖1、圖2)

圖 1

圖 2

2. 將棉線末端穿過吸管打結固定,避免扭蛋滑出棉線。
3. 將繩子掛在定點(光滑面,棉線可來回滑動),分別握住扭蛋下方的兩條棉線,略為拉緊,並稍微張開呈八字型(如圖3),二手輪流一上一下的拉動,扭蛋就會慢慢往上爬囉!(也可兩手往外一起拉開,扭蛋也會往上爬。)

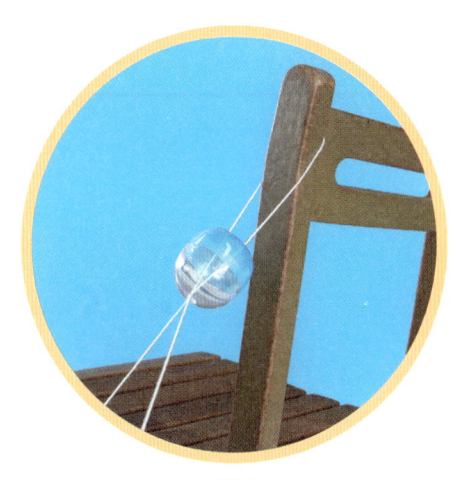

圖3

4. 扭蛋上升之後，二手放鬆，即可讓扭蛋因重力而下降。
5. 還可利用吸管和曬衣夾製作爬升人喔！
　（1）摺一隻紙蟬（或其他造型），把二段吸管以八字形貼在紙蟬的內側，穿過棉線，並在棉線末端穿過吸管打結固定，就完成了。（如圖4、圖5）

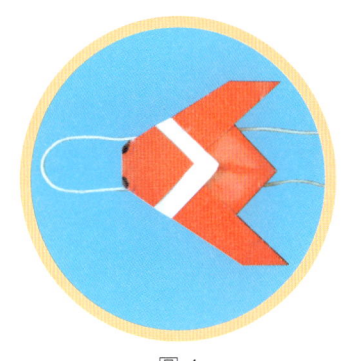

圖4 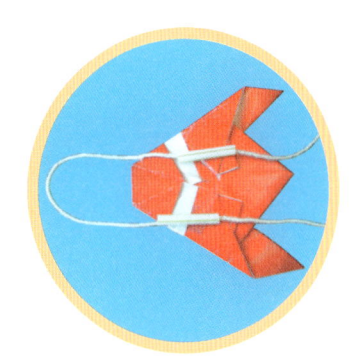　　　　　　　　　　　圖5

（2）類似紙蟬的製作，摺一隻瓢蟲或其他動物，把曬衣夾尾端朝上貼在紙蟬內側，把棉線穿過曬衣夾尾端的孔，即完成。（如圖6）

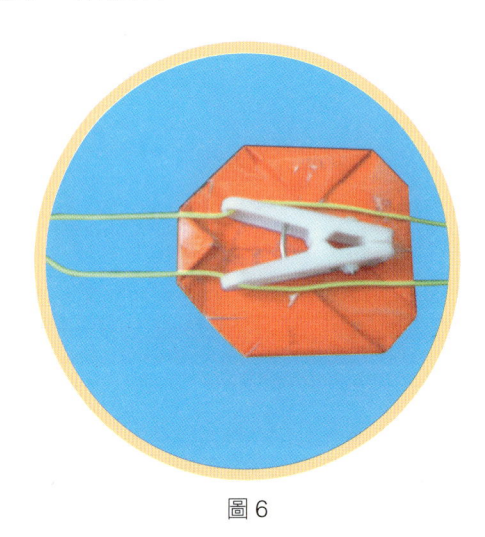

圖6

▶ **給親師的話**

　　扭蛋的大小可自行選擇，配上不同的造型，各有不同的樂趣！扭蛋人直立、平行都可以跑動。而曬衣夾爬升人由於棉線只有穿過曬衣夾底部的二個洞，所以下降較不容易，把繩子更放鬆會下滑得比較快。

　　當小朋友進行操作時，建議用簽字筆在棉線上畫出一段一段的記號，指導小朋友觀察棉線的運動情形，可以更容易瞭解為什麼扭蛋人可以上下、前後運動。

第 I 篇　力的科學遊戲

▶ **原理**

　　繩子和扭蛋孔之間有摩擦力，而繩子呈八字型，當右手用力拉動、左手不用力時，右邊的繩子因為有作用力而滑動，而左邊繩子因摩擦力而固定，扭蛋上方的繩子就會變短，帶動扭蛋往上移動（如下圖）。而當兩手放鬆時，兩邊的棉線都可自由滑動，扭蛋就因本身的重量掉下來了。

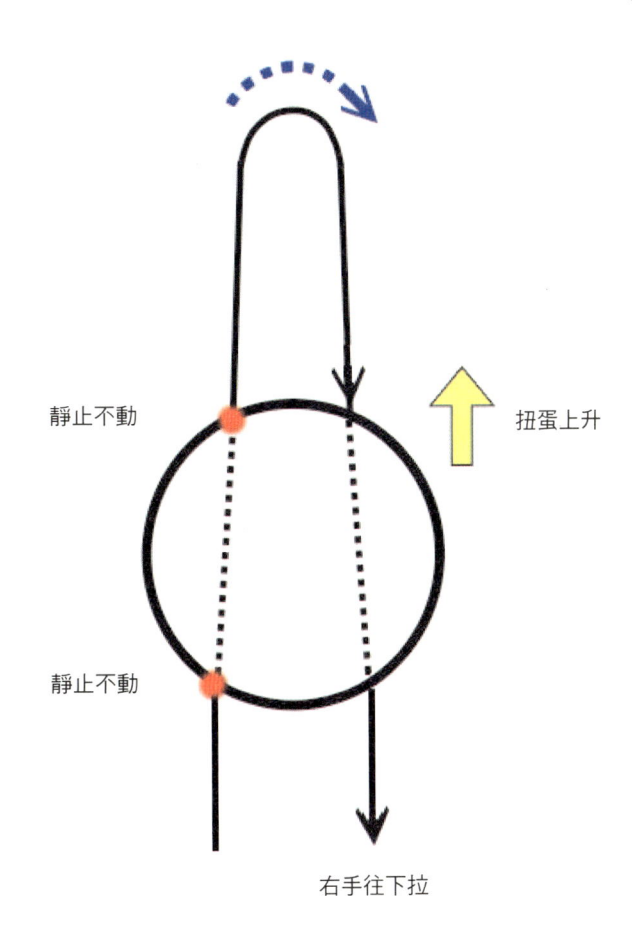

靜止不動

扭蛋上升

靜止不動

右手往下拉

9

4 動力橡皮筋

羽毛會像毛毛蟲一樣往前跑，還會打架喔！想不想玩呢？

實驗影片QRC

▶ 器材

木板、鐵釘、橡皮筋、羽毛、鐵鎚、毛根（文具店有售）。

▶ 操作步驟

1. 取一塊木板，釘上二根鐵釘（相距約15公分），將橡皮筋掛置於此二根鐵釘之間。（如圖1）
2. 將羽毛（或有細毛的種子、花、毛根……亦可）放在橡皮筋上（若羽毛太長，可把尾端修掉短一些，以免容易掉下來）。
3. 以石頭摩擦其中一根鐵釘，這時羽毛像是裝了馬達，會開始運動喔！（如圖2）

圖1

圖2

4. 火車快飛板：把羽毛換成一小段「毛根」，跑多快呢？試試就知道，保證讓你大驚奇！

第1篇　力的科學遊戲

▶ **給親師的話**

　　要讓羽毛順利跑到終點，主要在控制摩擦的力道不能太用力，而毛根可在文具店買到，一包約10元，可視需要剪一小段使用。

　　當小朋友進行操作時，請指導小朋友注意羽毛或毛根的運動方向，和毛的排列方向有何關係？此外，也可讓小朋友比賽：（1）在相同的距離下，誰的羽毛能最快跑到終點？（2）二人各在一端控制一根羽毛，看誰能把別人的羽毛擠下去？

▶ **原理**

　　以石頭摩擦鐵釘，因石頭及鐵釘表面粗糙，互相摩擦產生振動，振動會傳導到橡皮筋上，並讓橡皮筋上的羽毛振動。受力情形如下圖；在振動時橡皮筋給予羽毛F的作用力，F可分解為F_1與F_2，F_2是向上的分力，F_1就是使羽毛前進的分力了；由此也可看出為什麼羽毛的運動方向是固定的（往F_1的方向）。

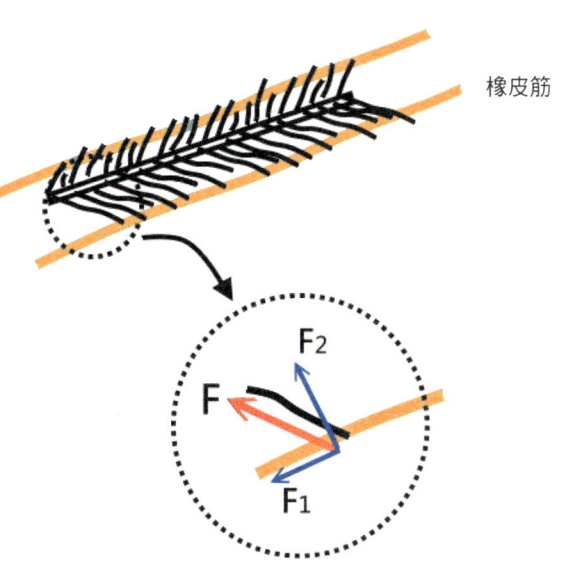

11

5 啄木鳥

啄木鳥躲在森林中，讓我們自己來製作一邊下降，一邊振動的啄木鳥吧！

實驗影片QRC

▶ 器材

棉線、紙杯、曬衣夾、兩小段吸管。

▶ 操作步驟

1. 將棉線穿過曬衣夾尾端的洞。（如圖1）
2. 在棉線的兩端各綁上一小段吸管，避免曬衣夾滑出。
3. 用曬衣夾夾住紙杯（或夾其他重物，如大支的迴紋針）。（如圖2）

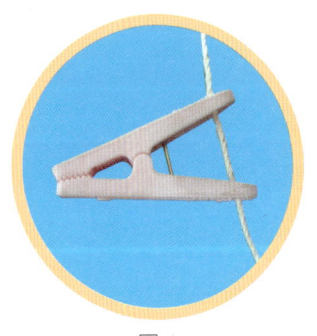

圖1

圖2

4. 將棉線上下拉直，紙杯不會直接掉下來，而是一邊振動一邊掉下來，動作就像是啄木鳥一般。

▶ 給親師的話

　　要讓啄木鳥順利的振動不會停下來，主要在調整棉線的鬆緊度，棉線拉太鬆會一下子就滑到底，輕輕拉直即可。

　　當小朋友成功完成一個啄木鳥後，可以指導讓小朋友挑戰以下任務：在棉線中間畫20公分的記號，測量啄木鳥通過這一段距離，誰的時間最久？（如果中間啄木鳥停止運動，要從頭再來），也可以比賽誰的啄木鳥最勤快？計算在20公分的距離，誰的啄木鳥振動的次數最多？

▶ 原理

　　用曬衣夾夾住紙杯增加重量，目的在使曬衣夾的重心改變而傾斜，造成摩擦力增加而卡在棉線上。輕輕撥動一下，曬衣夾彈回到直立時，會掉下來，但因為重心偏曬衣夾外側，因此傾斜掉下來又卡到棉線，而棉線的彈力使曬衣夾彈到直立位置時，曬衣夾又掉下來。如此周而復始，曬衣夾就一下滑落、一下卡住，成了一隻下降的啄木鳥了。

MEMO

6 提起三角鼎

動腦時間到了,如何只用半根筷子把三角鼎提起來呢?

實驗影片QRC

▶ 器材
一雙竹筷子。

▶ 操作步驟

1. 拿一雙竹筷子,一根折成 V 型(不折斷),另一根折斷為二支半根的筷子。
2. 將 V 型的筷子架在半根的筷子上,互相支撐成為三角鼎。(如圖 1)
3. **問小朋友**:不可以用手碰,只能用剩下的半根筷子接觸三角鼎,如何將三角鼎提起來呢?(家長與老師也可以自己先試試看)
4. **解答**:將半截筷子,穿過三角鼎(如圖 2),同時碰到 V 型筷子的兩側,輕輕推開 V 型筷子,讓半根的筷子掉在手拿的半截筷子上(如圖 3),就可以把 V 型筷子夾住而一起提起來(如圖 4)。

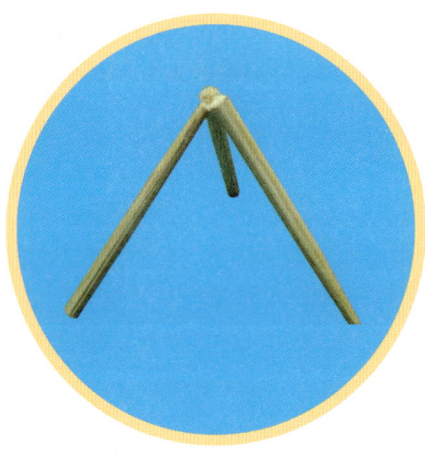

圖 1

14

第 1 篇　力的科學遊戲

圖 2

圖 3

圖 4

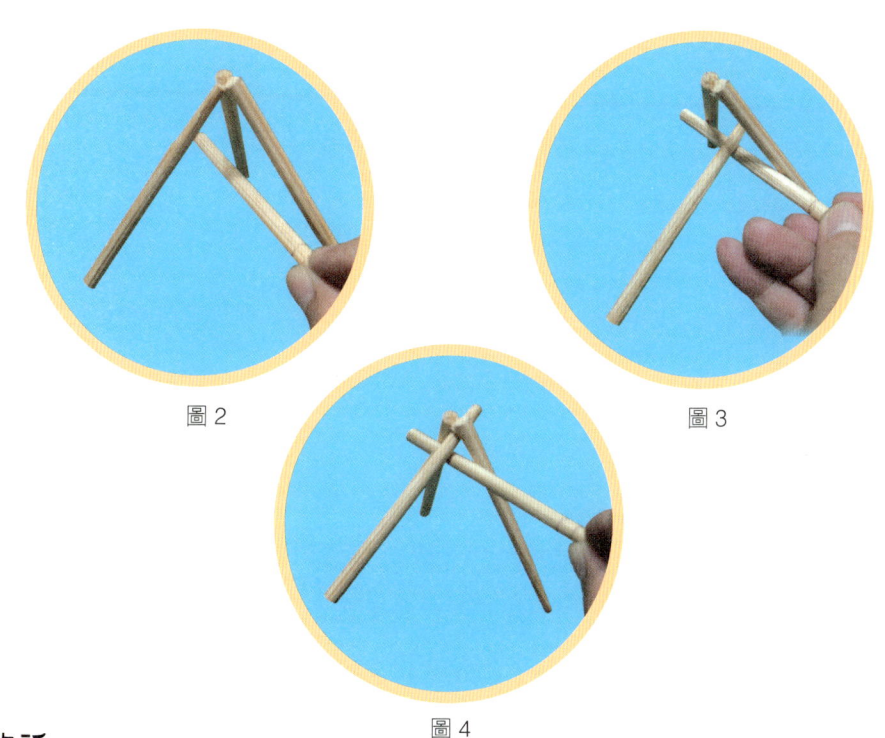

▶ **給親師的話**

　　要成功的提起三角鼎，架筷子的桌子表面最好粗糙一點，不要太光滑，以免筷子容易滑掉，不容易操作。另一方面，對小學生而言，通常很難自己想出解答，應適時給予提示，以免小朋友有挫敗感。

▶ **原理**

　　除了三角鼎的三邊必須接近，讓重心能保持平衡以外，將三角鼎提起來最重要的要訣是：讓三角鼎的半根筷子卡在手拿的半截筷子與V型筷子上。中國古代造橋，也經常利用木頭相互卡住的設計，形成大型的建築物。

15

7 神奇的平衡

走鋼索人為什麼可以在細細的鋼索上不會掉下來呢？我們也來試一試！

實驗影片QRC

▶ **器材**

保麗龍球、叉子、火柴、玻璃杯。

▶ **操作步驟**

1. 在保麗龍球的左右兩邊分別插上叉子，兩支叉子的夾角大約120度。再將火柴棒插在保麗龍球中間，讓兩根叉子及火柴棒都位於同一平面。（如圖1）
2. 將火柴棒架在玻璃杯的邊緣，調整火柴棒在杯子邊緣的支撐點，讓整個平衡組穩穩的立在杯子邊緣。（如圖2）

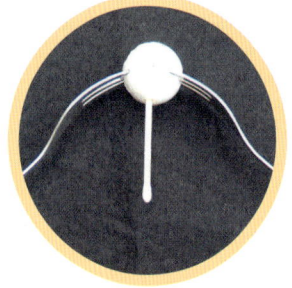

圖1

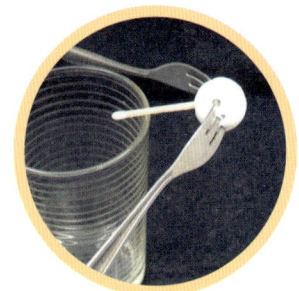

圖2

3. 接著讓小朋友猜一猜，如果將靠在杯緣的火柴棒點燃後，一直燃燒，最後叉子和保麗龍球會不會掉下來呢？

⚠ **注意**：試驗時，請勿讓小朋友單獨操作，要有大人陪伴。

第 I 篇　力的科學遊戲

▶ **給親師的話**

　　可以讓小朋友調整叉子和火柴的位置，讓小朋友發現還有其他角度可達到平衡。基本上兩支叉子的夾角要小於180度，如此重心位置才會低於支點，比較容易取得平衡。

　　此外，也可以取較大的保麗龍球，讓小朋友試驗要如何插上三根叉子，使其可以保持平衡呢？

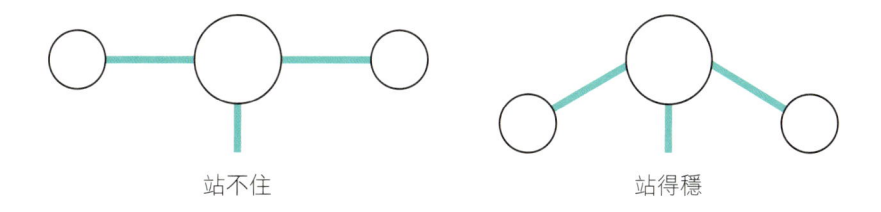

站不住　　　　　　站得穩

▶ **原理**

1. 保麗龍和叉子不會掉下來，是因為保麗龍球和兩根叉子的整個重心在整組平衡器的垂直向下的線上。只要重心保持在整個系統的中央下方，就能維持平衡，不會掉下去。（如下圖）
2. 當火柴點燃後，火焰一直燃燒到靠近杯緣時，玻璃杯會吸收火柴棒燃燒的熱量，使溫度降低到燃點以下，火焰就會自動熄滅，對於原來的平衡沒有影響。

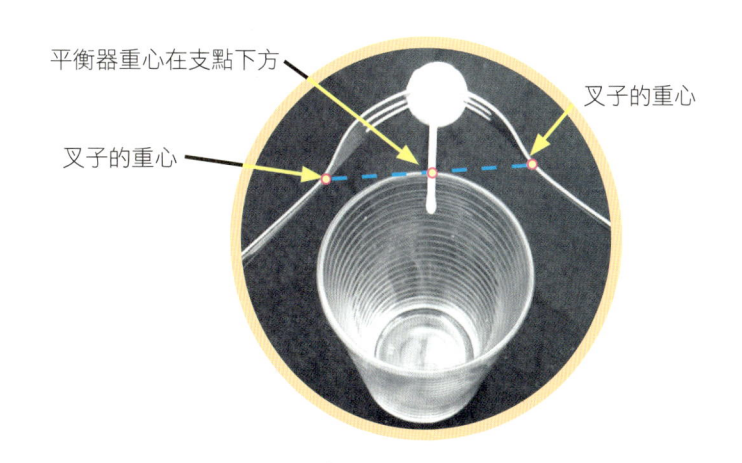

平衡器重心在支點下方　　叉子的重心
叉子的重心

8 站立的鉛筆

有什麼方法可以讓尖尖的鉛筆站立，不會倒下呢？

實驗影片QRC

▶ 器材
鉛筆、鐵絲、鉛錘（或小石子）、尖嘴鉗。

▶ 操作步驟
1. 將鐵絲的一端纏繞在鉛筆上，在鐵絲的另一端掛上鉛錘或小石頭。
2. 稍稍折彎鐵絲後，將鉛筆直立於桌子邊，看看鉛筆能不能像不倒翁一樣站起來？（如右圖）
3. 改變鐵絲的位置與彎折的角度，看看在什麼情形，鉛筆可以站得又直又穩？

▶ 給親師的話
　　鐵絲纏在鉛筆的位置很重要，越靠近筆尖，站得越直、越穩；如果遠離筆尖，就站得歪歪的，甚至站不起來。而鐵絲最好壓出弧度，彎到筆尖的正下方，如此才站得直。也可以利用重心的改變讓鉛筆做出更有趣的動作，只要調整鉛錘的位置，鉛筆就可以用幾乎平躺的姿勢，用筆尖懸空平躺在桌子的邊緣上喔！
　　試試看用其他的物品來代替鉛筆，是不是也可以呢？

▶ 原理

　　物體保持平衡的二個原則是：重心低、底面積大。本遊戲鉛筆會站立的原因，就在於鉛錘的重量讓整個系統的重心降低了（移至筆尖的正下方），重心越低就越能保持平衡。所以只要將重心調整到鉛筆下方，鉛筆就容易直立；反之，將鉛錘遠離筆尖，鉛筆就容易歪斜。

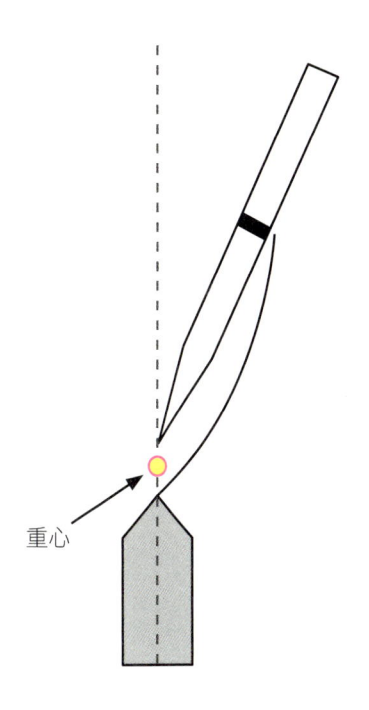

重心是什麼？

　　重心是指物體所受合力矩為零的點。若與物體各點之引力所產生之力矩總和相等，則該作用點即為物體的重心。也就是說，重心不只是可看成物體重量集中的點，同時也是物體所有質點所產生力矩的平衡點，因此只要施力於重心，且所施的力與物體重量的合力矩為零，這樣就可以使物體不會移動，呈現平衡狀態。

9 鐵釘平衡

如何將十根鐵釘同時一起放到一根鐵釘上呢？

實驗影片QRC

▶ **器材**

木板、鐵釘11根。

▶ **操作步驟**

1. 先在木板上垂直釘上一根鐵釘，然後在桌上平放一根鐵釘，再將 8 根鐵釘交叉排列在這一根鐵釘上，務必一左一右依序排列整齊。（如圖 1）
2. 輕輕舉起置於下方的鐵釘，這時可發現上方的 8 根鐵釘成傾斜交叉站立。

⚠️ **注意：** 舉起下方鐵釘時只需略微抬高即可，動作不要過快，且要水平舉起，避免因為傾斜而使上方8根鐵釘滑落。（如圖2）

3. 將最後一根鐵釘橫放在此 8 根鐵釘上，最好能與下方的鐵釘頭尾相反，且能平均壓住上方的 8 根鐵釘。

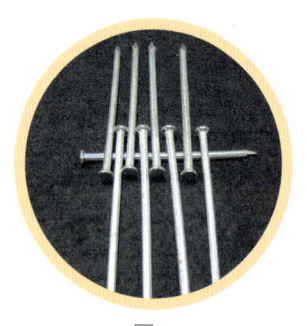

圖 1

圖 2

第 1 篇　力的科學遊戲

4. 緩緩地水平同時舉起上下 2 根鐵釘，你將發現所有的鐵釘也都跟著被舉起來了。
5. 小心的將所有鐵釘放到木板的鐵釘上，就可以完成任務了。（如圖3）

▶ **給親師的話**

　　進行本項遊戲時，建議不要直接操作，而是使用發問的方式；先讓小朋友自己嘗試如何將8根鐵釘放在一根直立的鐵釘上，如果小朋友無法完成，可提醒要利用鐵釘的頭部交叉卡住。

　　完成後可再挑戰10根、12根鐵釘，或是比賽誰可以讓最多根的鐵釘放在直立的鐵釘上。（舉起的鐵釘數目不一定是要偶數喔！）

圖 3

⚠ **注意**：所有的鐵釘最好規格相同，而且不要使用比較滑的鋼釘。

▶ **原理**

　　這個看起來很了不起的結構，其實是我們老祖宗千年流傳下來的智慧，古代的建築或橋梁在完全不用釘子固定下，讓建物屹立不搖，皆是充分運用物體的力學與平衡原理。而本遊戲的鐵釘可以平衡，是利用兩邊鐵釘重量平衡的原理，讓十根鐵釘立在直立的鐵釘上。

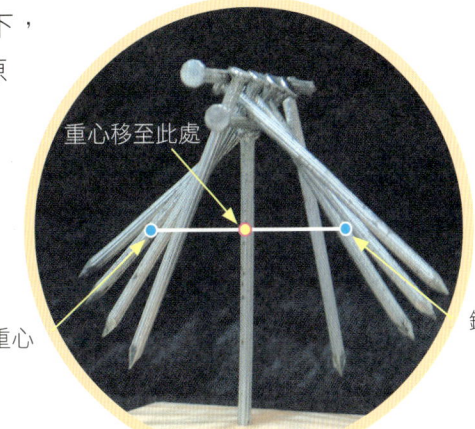

重心移至此處

鐵釘重心　　　　　　　　　　　　鐵釘重心

21

10 平衡一線間

如何將一枚10元硬幣放在一張薄薄的名片上方，不會掉下來呢？

實驗影片QRC

▶ 器材
名片紙、硬幣。

▶ 操作步驟
1. 先將名片對摺，再立起名片放在桌上。
2. 將10元硬幣平放在名片夾角處。（如圖1）

圖 1

3. 手握名片兩端,慢慢的往外拉,使夾角變大。當夾角變大成為180度時,硬幣還是穩穩的貼在名片紙邊緣上喔!(如圖2)

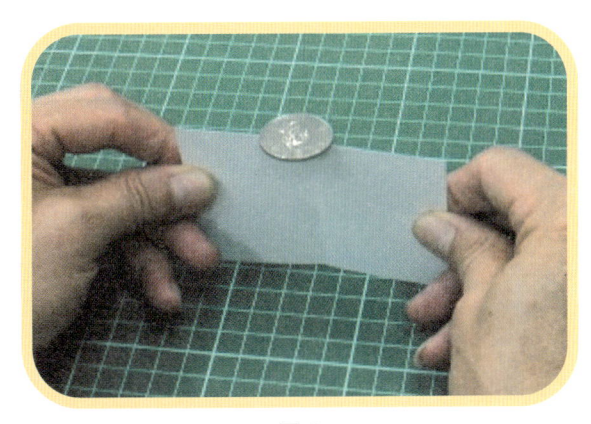

圖2

▶ **給親師的話**

　　當完成了硬幣立在名片邊緣後,可以再嘗試以下操作:取一支掃把,用左右手的一根手指支持掃把把手的兩端,然後左右手指向中央慢慢的移動,仔細不要讓掃把掉下,可以發現手指頭移動很容易的「自我調適」找出掃把的重心喔!

▶ **原理**

　　因為在名片拉直的過程中,名片和硬幣之間摩擦力的作用,使得名片移動時,硬幣會跟著運動而調整接觸點,仍會形成三點平衡,因而不會掉下來。

11 小球變大球

鍋子裡的玻璃珠變成乒乓球,怎麼會這樣呢?

實驗影片QRC

▶ 器材

不用的鍋子、綠豆、乒乓球、玻璃珠、手帕或毛巾(大小要可以蓋住鍋子)。

▶ 操作步驟

1. 在鍋中放入綠豆,再將乒乓球埋入綠豆中,看不到乒乓球。
2. 將玻璃珠放在綠豆上(圖1),再以手帕或毛巾蓋住鍋子(圖2)。將鍋子上下輕輕抖動約一分鐘,再拿起覆蓋的布,可以發現玻璃珠不見了,變成乒乓球(圖3)。

圖1

圖2

圖 3

▶ **給親師的話**

　　抖動鍋子的目的在讓玻璃珠沉入綠豆中，讓乒乓球浮上來，建議要先練習幾次，掌握抖動的時間，才能達到驚奇的效果。而綠豆也可以用乾燥的沙代替，但是玻璃珠必須換成鐵球，才會有一樣的效果。

▶ **原理**

　　不只是液體有浮力，綠豆、沙子等固體也會產生浮力。這個遊戲中，材料的密度大小依序是玻璃珠＞綠豆＞乒乓球。在抖動鍋子的過程，因為玻璃珠密度比綠豆大，所以玻璃珠會慢慢沉入綠豆中，而密度小的乒乓球就會浮上來了。

12 投石器

古代戰爭會以投石器將巨大的石頭拋向城堡，讓我們也來做一個投石器！

實驗影片QRC

▶ 器材

大型曬衣夾、膠帶、塑膠湯匙、乒乓球、圓板凳一張（僅做固定用）。

▶ 操作步驟

1. 先將塑膠湯匙的握柄一端以膠帶固定於曬衣夾，再將曬衣夾用膠帶固定在傾放的椅子腳上。（如下圖）
2. 調整椅子的角度，可以修正乒乓球彈出去的角度。因為曬衣夾的彈力是固定的，調整彈射的角度即可改變乒乓球彈射的距離。
3. 將乒乓球置於湯匙上，按壓曬衣夾，將球彈出。
4. 若想改變曬衣夾彈出去的力道，可以控制曬衣夾打開的程度。而改變湯匙的長度也可以改變乒乓球彈出的力道。

▶ **給親師的話**

　　製作完成後,可以和小朋友比賽或一起探討簡易投石器什麼角度可以拋得最遠?而為了增加趣味性,還可以製作九宮格,寫上1-9的數字,進行投擲大賽,看誰得分最高,投得最準。

▶ **原理**

　　投石器所利用的科學原理包含:(1)槓桿原理:投石器屬於施力點在中間的第一種槓桿,抗力臂(湯匙)越長,越容易射得遠;(2)能量守恆:曬衣夾的彈力位能轉化為動能,使乒乓球能夠彈射出去。

MEMO

13 小超人

是什麼神奇的力量可以讓你輕易的把兩個人拉在一起呢？

實驗影片QRC

▶ 器材

長木棍（掃把柄亦可）兩根、一條繩子（約3公尺）。

▶ 操作步驟

1. 請一個小朋友用兩隻手緊握住長木棍，然後將繩子綁在上面。（如圖1）
2. 再請一位小朋友，站在第一位小朋友對面，兩手也握著一根長木棍。（如圖2）
3. 將繩子纏繞在長木棍上，並來回纏繞二根長木棍之間三圈以上。（如圖3）
4. 第三位小朋友試著拉緊繩子末端，讓木棍互相靠近。可以發現，不管兩位小朋友用多大的力量拉開，只要第三位小朋友輕輕一拉，兩根木棍就會漸漸靠近了。

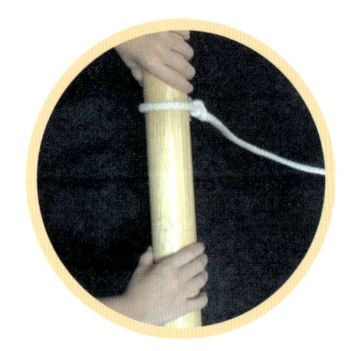

圖1

圖2

圖3

▶ **給親師的話**

　　這個遊戲最好使用表面光滑的棍子，繩子則用表面較光滑的尼龍繩，如此摩擦力較小，效果更佳。

　　為了讓小朋友感受到工具的省力效果，讓兩位大人拉緊木棍，小朋友拉繩子，看看能否將大人握住的木棍漸漸拉近？若是小朋友力氣不夠，試試將繩子繞的圈數增多，是不是圈數越多就越輕鬆呢？

▶ **原理**

　　這個遊戲是利用簡單機械中的滑輪組原理來達到省力的效果。雖然遊戲中看不到滑輪的裝置，但兩根光滑的棍子再加上表面光滑的繩子，就相當於單線滑輪組。（如下圖）

　　這種裝置的機械利益為繩子的圈數× 2，所以繞3圈的機械利益為6，小朋友只要用大人力氣的1/6就行了；如果繞上八圈，機械利益就有16喔！以下圖為例，以F的力拉繩子，左側產生7F（共有7根繩子）；右側產生6F（共有6根繩子），總計就有13F的力了。

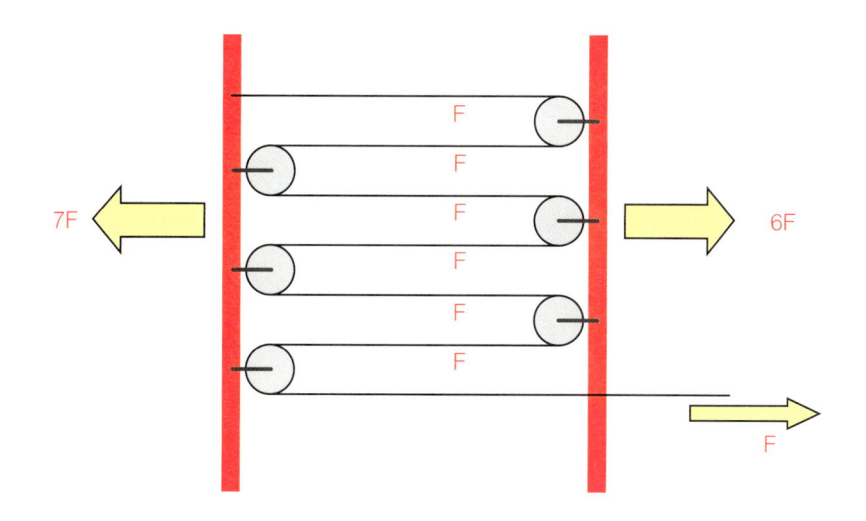

14 螺絲鑽

如何利用旋轉做出一個可以不斷運送東西的簡單機械呢？

實驗影片QRC

▶ 器材

寶特瓶、一根細長木棍、一碗綠豆、卡紙、剪刀、膠帶、訂書機、筆、大碗一個。

▶ 操作步驟

1. 將寶特瓶的兩端剪掉，剪掉後的長度要比木棍稍為短一點。
2. 在西卡紙上描畫六個圓圈，直徑比寶特瓶略小。圓圈的中央再剪出一個小圓洞（直徑比木棍大約二倍）。並在連接中央的小圓洞，剪下一條半徑大小的直線缺口。（如圖1）
3. 把剪開的缺口用訂書機與另一個圓圈交疊釘住。將釘住的六個圓圈拉開，就是一個螺旋了。（如圖2）
4. 木棍穿過小圈圈的中心，再用膠帶把螺旋的兩端黏在木棍上。將做好的螺旋插入圓筒中，就做成了一個螺旋鑽。（如圖3）

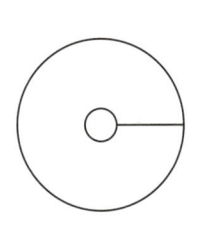

圖1 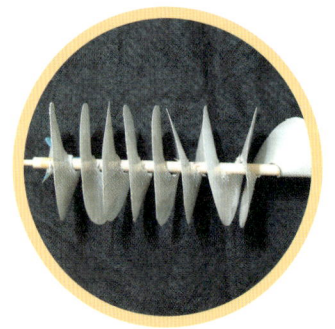　　　　　　　　圖2 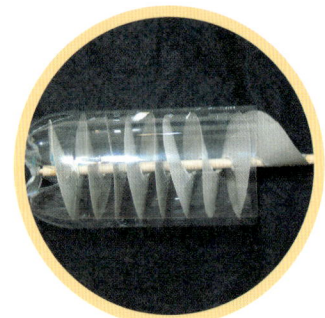　　　　　　　　圖3

5. 將螺旋鑽斜插入裝滿綠豆的大碗中。轉動木棍，綠豆會沿著螺旋上升，當溢滿到寶特瓶口，就能裝到另一空碗中。

▶ **給親師的話**

　　製作完成螺旋鑽之後，可以讓小朋友比賽在半分鐘內，誰運送出來的綠豆最多？

▶ **原理**

　　日常生活中有很多事物應用斜面的原理，而達到省力或改變位置的目的，如樓梯、蜿蜒而上的山路等。若將斜面圍繞在圓柱上，則形成稱為螺旋的簡單機器（此裝置稱為「阿基米德螺旋泵」或「阿基米德螺旋提水器」）。例如用來鎖住物體的螺絲、有螺紋的瓶蓋、汽車千斤頂等，都是應用螺旋的裝置。

　　螺紋的工作原理和斜面相同，螺紋間的距離越密，表示斜面越長；斜面越長或斜面高越短即斜角越小，則越省力。

15 線軸車

很多玩具都要裝電池，怎樣做一輛不必電池也可以轉動的車子呢？

實驗影片QRC

▶ 器材

線軸、空鋁罐、木棒150公分、粗鐵絲30公分、鐵釘、鐵鎚、老虎鉗。

▶ 操作步驟

1. 在鐵絲約15公分處以老虎鉗折彎90度，將鐵絲穿入空的線軸中心（如圖1）。再將穿過線軸的鐵絲向上折彎，與另一端的鐵絲約呈60度角，最後將穿過線軸的鐵絲用棉線緊緊綁在木棍上（如圖2）。
2. 空鋁罐以鐵釘對穿兩個洞，再將空鋁罐套進鐵絲中（鋁罐必須與線軸互相接觸），鋁罐端的鐵絲末端折彎成圈圈狀，以避免鋁罐脫落。（如圖3）
3. 推動線軸前進，鋁罐就開始旋轉起來了！

圖1

圖2

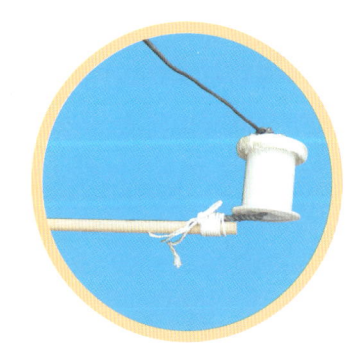

圖 3

▶ **給親師的話**

　　教孩子製作自己的玩具是難能可貴的經驗，尤其是小時候自己玩過的玩具。可能是爸爸做的，也可能是爺爺或阿公做的，現在我們再教給下一代，代代相傳。

　　在製作上需注意以下幾點：
1. 鐵絲必須夠粗，支撐力才夠。但太粗的鐵絲又不容易折彎，建議用直徑約0.2公分粗的鐵絲來製作較佳。
2. 若空鋁罐旋轉的效果不佳，可在線軸的輪子上纏粗橡皮筋，以增加摩擦力。
3. 若要增加聲音效果，可在空鋁罐內放入小石子，轉動起來就會有響聲喔！

▶ **原理**

　　利用齒輪的觀念來驅動空鋁罐，雖然沒有咬齒，但是可以利用線軸與鋁罐間的摩擦力來帶動鋁罐旋轉。

16 衝吧！氣球火箭

利用空氣的幫忙，就可以用氣球做一個火箭！

實驗影片QRC

▶ **器材**

長形氣球、棉線或細繩、吸管、夾子、椅子。

▶ **步驟**

1. 將長形氣球充滿氣，吹口的地方用夾子夾住，確定氣球不會漏氣。
2. 用膠帶將吸管黏在長形氣球上。（如圖1）

⚠️ **注意**：氣球充氣後會稍微彎曲，可以用膠帶黏貼氣球，前進效果會更好。

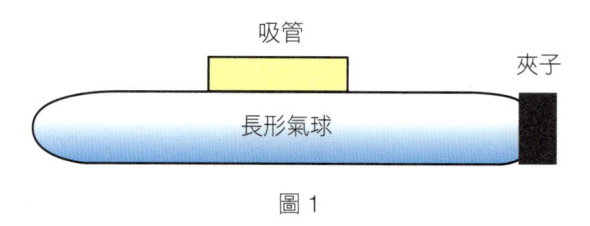

吸管

夾子

長形氣球

圖 1

3. 將細繩穿過氣球上的吸管，再把繩子兩端固定在椅子上（或是牆上）。固定好後，鬆開夾子，氣球會沿著繩子快速往前移動。（如圖2）

椅子　繩子　椅子

圖 2

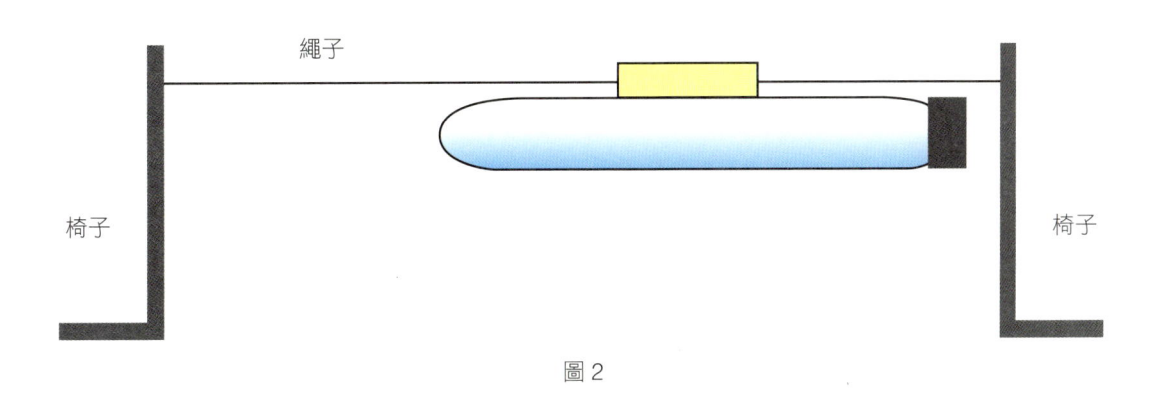

▶ **給親師的話**

　　製作完成後，一方面可以和小朋友進行比賽，看誰比較快到達終點；另一方面可以改用不同形狀的氣球，觀察結果有否差異？（長形氣球因為阻力較小，速度比圓形氣球快。）

▶ **原理**

　　氣球吹滿氣後，把夾子鬆開，空氣從氣球尾部噴射出來，噴射的力量會將氣球向前推進。

17 旋轉的寶特瓶

不用手推,也不靠風來吹,如何讓寶特瓶一直旋轉呢?

實驗影片QRC

▶ **器材**

寶特瓶（1個）、可彎曲吸管（至少4根）、線、鑽孔器、圖釘。

▶ **操作步驟**

1. 用鑽孔器在距瓶底約1公分的地方鑽4個洞,大小以剛好可以塞進吸管為原則。
2. 剪下4段吸管（長度約3公分,包含可彎曲的部分）,分別塞入寶特瓶底的洞,並用保麗龍膠黏好,不要留下縫隙,再將吸管朝同一個方向彎曲。（如圖1）
3. 用圖釘在瓶口戳二個洞（小心不要刺到手）,拿線穿過洞口,綁好固定,再將寶特瓶吊起來。（如圖2）
4. 將寶特瓶裝滿水。當水從吸管流出時,可以看到寶特瓶開始旋轉了。

圖1　　　　　　圖2

▶ **給親師的話**

　　如果沒有可彎曲吸管時，只要將吸管斜斜的塞入寶特瓶，使吸管都朝同一個方向，也可以達到相同的結果。

　　當小朋友成功完成旋轉的寶特瓶後，可以指導小朋友挑戰下面的任務：
1. 試試看，同樣倒入500毫升的水，誰的寶特瓶可以轉最多圈？
2. 改變水流出量（吸管數）、寶特瓶的大小等方法，做出一個在10秒鐘內轉最多圈的旋轉寶特瓶。

▶ **原理**

　　水從吸管流出時，同時也會產生反作用力，這股反作用力推動了寶特瓶而旋轉。而剛開始時，寶特瓶內的水量多，水流出的速度較快，反作用力也較大，但由於比較重，所以轉得比較慢；隨著水的流失，寶特瓶重量減輕，旋轉的速度會漸漸加快。

18 攀爬高手

你看過會往上爬的羽毛嗎？讓我們玩看看！

實驗影片QRC

▶ **器材**

寶特瓶（2個）、羽毛、美工刀、膠帶。

▶ **操作步驟**

1. 用美工刀把一個寶特瓶的頭、尾兩端切掉；另一個寶特瓶則只切掉底部（瓶口部分當作把手）。用膠帶把兩個寶特瓶連接起來，成為一個長圓管。（圖1）
2. 將一根羽毛由切掉的底部放進寶特瓶內。
3. 手握把手部分，垂直拿著寶特瓶左右搖晃（如圖2），羽毛就會沿著管壁往上爬囉！

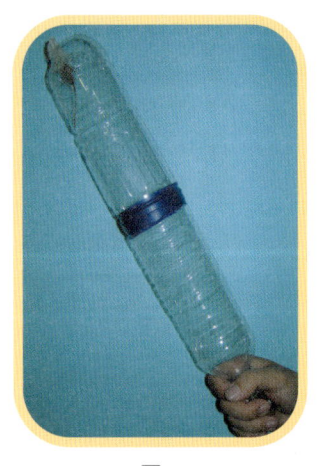

圖1

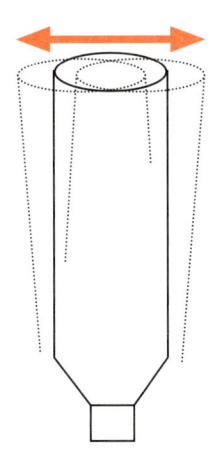

圖2

▶ 給親師的話

　　若找不到羽毛，也可以利用輕的小紙片來代替。如果羽毛爬不上去，可能是搖晃的速度太慢，或者是羽毛太重，這個時候加快搖晃的速度或稍微減輕羽毛重量，就可以讓羽毛往上爬。

　　當小朋友完成了會攀爬的羽毛後，可以指導小朋友完成以下的任務：

1. 比比看，誰可以花最少的時間讓羽毛爬出寶特瓶頂端？
2. 將數根羽毛綁在一起。試試看，誰可以讓最多根羽毛往上爬？

▶ 原理

　　搖晃寶特瓶時（如圖3綠色箭頭），寶特瓶瓶身會施予羽毛作用力F（垂直於瓶身），此作用力的水平分力為f_2，往上垂直的分力為f_1。f_1的分力就能使羽毛往上運動。而無論寶特瓶往右或往左搖晃，改變的只是f_2的方向，f_1都還是朝上，因此羽毛可以持續往上運動。但是如果羽毛重量大於f_1，羽毛就會掉下來囉！

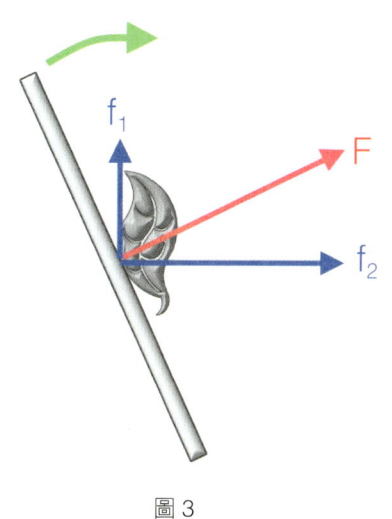

圖3

19 超感應單擺

怎樣用念力讓別人選定的單擺擺動呢？

實驗影片QRC

▶ 器材
筷子、縫衣線或毛線、螺帽或鋁片。

▶ 操作步驟
1. 剪三段不同長短的線（縫衣線或毛線），分別綁上螺帽（或鋁片），再綁在筷子上，距離間隔約3-5公分。（如右圖）
2. 手拿筷子的一端，開始表演「超感應單擺」──先要求別人任意指定其中的一根單擺，我們可以讓被指定的單擺慢慢擺動起來，而另二根單擺幾乎不會動喔！

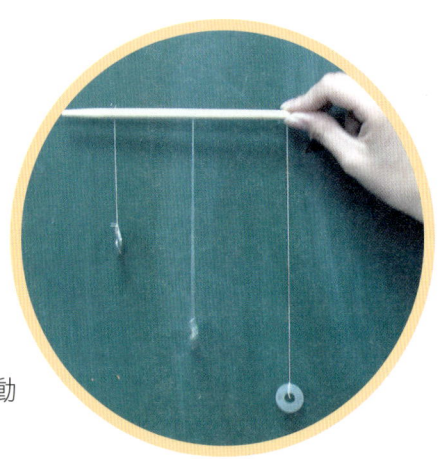

祕訣：首先輕輕擺動一下筷子（不要讓別人看出來手在擺動），再配合想要擺動的單擺；例如想讓第二根單擺擺動，則只注意第二根單擺的前後擺動，不要理會第一根與第三根。當第二根單擺的擺動在最右或最左邊時，輕輕反推回去（同樣不要讓別人看出來手在擺動），就可以使第二根單擺的擺動越來越大，其他兩根單擺的擺動會逐漸變小，甚至不動。

▶ 給親師的話

為了增加趣味性，表演時可以唸唸有詞，像是用念力施予魔法，以增加驚奇效果。完成後，先讓小朋友想一想為什麼？再指導小朋友進一步試驗與討論：

1. 如果三根單擺的長度（擺長）都一樣，可以成功完成這項遊戲嗎？
2. 如果三根單擺的長度一樣，但是掛的東西不一樣，也可以成功完成嗎？

▶ 原理

由於單擺的擺動週期之長短只和擺長大小有關（與擺錘重量無關），擺長越大，週期越大，因此三根單擺的擺動週期必然不相同。

由於我們只配合想要擺動的單擺的週期來回逐漸增加擺動幅度，其他兩根單擺並沒有剛好配合手的擺動（因為週期不同），因此必然有反向干涉，使得擺動幅度會逐漸變小。

MEMO

20 勁爆摩天輪

寶特瓶裝了水,讓寶特瓶轉圓圈,能夠讓水不灑出來嗎?

實驗影片QRC

▶ 器材
寶特瓶、尼龍繩。

▶ 操作步驟
1. 在寶特瓶的瓶口綁上尼龍繩(長度約30-50公分)。
2. 倒入約半瓶的水,不要蓋上瓶蓋,然後到戶外空曠的地方,抓住繩子的一端將寶特瓶轉圓圈。(如右圖)
3. 只要寶特瓶轉得夠快的話,就不會讓水灑出來。

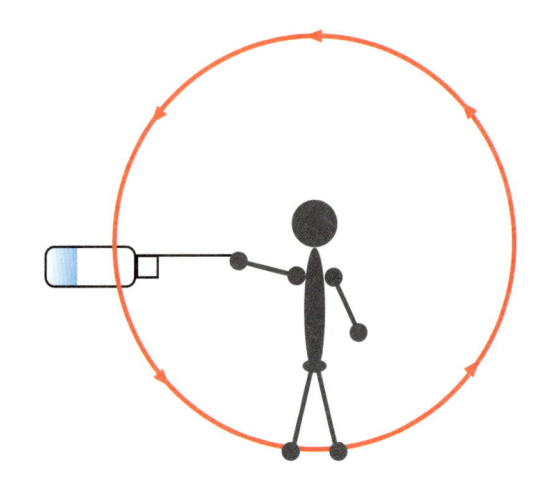

▶ 給親師的話
當轉動寶特瓶時最好在屋外空曠的地方,如果旁邊有人圍觀,要請他們保持安全距離。不要用細線來代替尼龍繩,以免發生危險。

▶ 原理
由於在旋轉寶特瓶的時候,慣性使寶特瓶內的水持續維持在底部,所以不會灑出來。

第二篇

水的科學遊戲

21 水力船

水可以儲存能量，如何利用水產生動力來推動船呢？

實驗影片QRC

▶ **器材**

寶特瓶（3個）、吸管、橡皮筋、保麗龍膠、鑽孔器。

▶ **操作步驟**

1. 在寶特瓶距瓶底約1公分處鑽一個洞（可以插入吸管的大小），將一段吸管（長約2-3公分）塞入，再用保麗龍膠或膠帶將吸管黏好，完成水力船的動力部分。（如圖1）

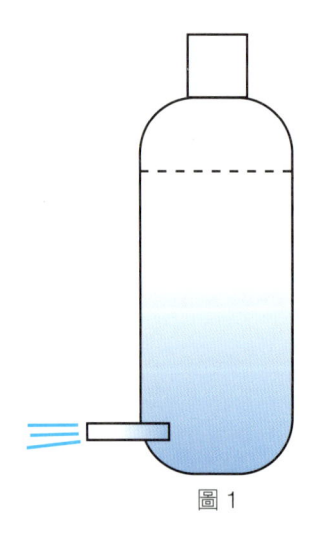

圖 1

2. 將另外二個寶特瓶瓶蓋鎖好，水平放置，用橡皮筋將這兩個寶特瓶分別固定在上述步驟的寶特瓶兩側，作為船身，以使動力部分在水面漂浮時能保持平衡。（如圖2）
3. 先放進水槽或浴缸試試看，水力船是否能保持平衡。如果歪斜或不平衡，調整兩側寶特瓶的位置，確定能夠平衡後，再用保麗龍膠黏好固定。
4. 水力船放在水面上，將水倒入直立的寶特瓶內，就可以看到水從吸管流出，而船則慢慢的往前進。

▶ **給親師的話**

　　當小朋友順利完成水力船後，指導小朋友完成以下任務：
　　1. 只裝一次水，不能用手推船，看誰的船可以跑得最遠？
　　2. 利用數個寶特瓶做不同組合，設計出不同造型的水力船。
　　　 試試看，20秒內，誰的船可以跑得最遠？

圖2

▶ **原理**

　　不同水面高度的水產生位能差，可以轉換成水流的動能。當船隻內的水往外流動，與外面的水產生讓船隻前進的反作用力，進而推動船隻前進。

22 浮沉玩偶

怎樣做出一個可以自由浮沉,像潛水艇一樣的玩偶呢?

實驗影片QRC

▶ 器材

寶特瓶(1個)、可彎曲吸管(數根)、迴紋針、剪刀、直尺。

▶ 操作步驟

1. 取一根可彎曲的吸管,剪下吸管可彎曲的部分,再對折(對折後長約3公分)。
2. 將迴紋針(3根)分別套進對折的吸管管口及兩側,使吸管不會張開(圖1),就完成了浮沉玩偶。
3. 水盆或杯子裝水,把做好的浮沉玩偶輕輕放入。
4. 調整浮沉玩偶只浮出水面一點點,不要超過0.3公分。
   (1)如果浮出太高,可以再加迴紋針或是把吸管剪短一點。
   (2)如果沉下去,可以把迴紋針減少一根再試。

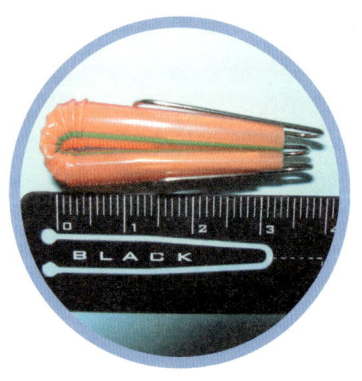

圖1

5. 調整好後,將寶特瓶裝約八分滿的水,放入做好的浮沉玩偶,並旋緊瓶蓋。用力壓寶特瓶,浮沉玩偶就會沉下去;放鬆,浮沉玩偶就會浮上來喔!(如圖2)

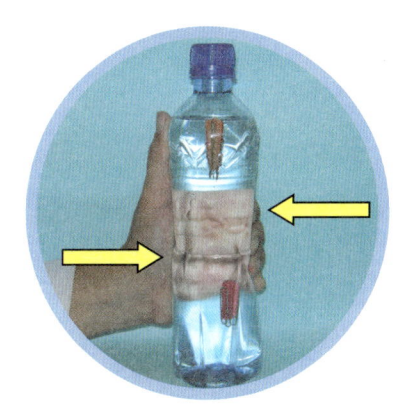

圖 2

▶ **給親師的話**

　　浮沉玩偶不可以露出水面太高,否則會有無論如何用力都無法沉下去的狀況,換言之,浮沉玩偶露出水面越少,就越容易壓沉下去。

　　在製作完成後,可以讓小朋友慢慢用力壓,仔細觀察吸管內部的水面變化(用透明的吸管),並鼓勵小朋友想一想和浮沉玩偶的下沉、上浮有什麼關係?指導小朋友仔細觀察用力壓時,水是不是會進入吸管內部?

　　當小朋友成功操作讓一個浮沉玩偶下沉並上浮後,可以請小朋友挑戰下面的任務:
1. 製作出數個能夠「依序」先後沉下去的浮沉玩偶,越多個越好(一起下沉或上升的,只能算一個)。
2. 發揮想像力,將吸管剪成某種形狀,製作出在下沉與上浮過程中會「旋轉」的浮沉玩偶。可以提醒小朋友想一想電風扇的形狀。(圖3是會旋轉的浮沉玩偶的例子)
3. 提醒小朋友想一想,除了吸管以外,還有哪些東西可以用來做沉浮玩偶?(例如:筆套、滴管)

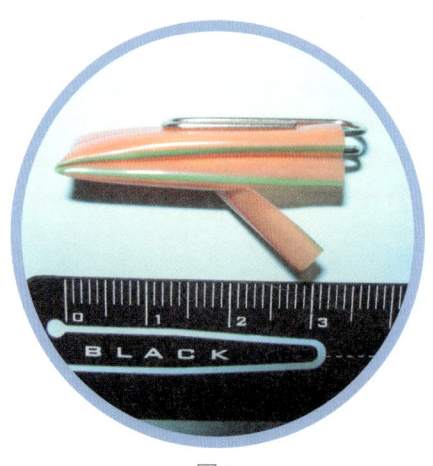

圖3

▶ 原理

　　當物體的重量大於浮力時，物體就會下沉；當重量小於浮力時，物體則上浮。因此改變浮沉玩偶的浮力，就可以控制玩偶的浮沉。其原理如下：

1. 當浮沉玩偶浮在水面時，其重量與浮沉玩偶內部的空氣所提供的浮力互相平衡（重量＝浮力）。
2. 用力壓寶特瓶時，因為瓶子內的壓力也增加，水就會進入吸管內，減少了吸管內的空氣體積，空氣體積減少，浮力就逐漸降低了，浮沉玩偶因而沉下去。
3. 反之，放鬆寶特瓶時，瓶內的壓力降低，吸管內部空氣的相對壓力較大，水就會被排出，使空氣體積增加，浮力也因此增加，浮沉玩偶就浮上來了。

　　另一方面，也可以說用力壓寶特瓶時，水進入吸管內，使得浮沉玩偶的平均密度大於1，因此下沉。反之，當放鬆寶特瓶，水被排出吸管，浮沉玩偶的平均密度小於1，因此就會浮起來。

第 2 篇　水的科學遊戲

23 創意水彩畫

用寶特瓶和染過顏色的水，可以畫出令人驚奇的藝術畫哦！

實驗影片QRC

▶ 器材

寶特瓶、線、迴紋針、膠帶、水彩、美工刀、圖釘、碼錶（或可計時的錶）。

▶ 操作步驟

1. 將寶特瓶裁切，剪成開口的圓柱體，並利用圖釘在瓶底中央鑽一個小洞。
2. 在寶特瓶缺口對稱兩端鑽兩個洞，用線將寶特瓶吊起來，調整線的長度使寶特瓶保持平衡，並用迴紋針、膠帶和另一條線將寶特瓶懸吊起來呈Y字型。（如圖1、圖2）

圖 1

圖 2

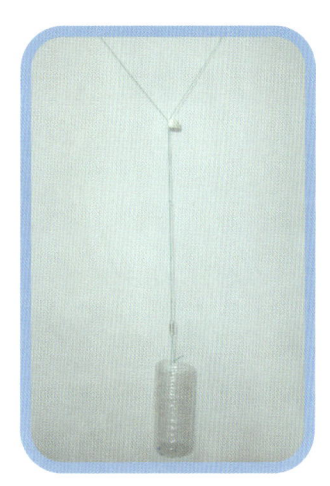

49

玩出創意 120個創新科學遊戲

3. 線的兩端吊起來固定好，調整寶特瓶距離地面的高度約5-10公分。
4. 在地上鋪一張白紙。
5. 將染過顏色的水（選擇深色系的顏料）倒入寶特瓶。
6. 維持線拉直的狀態下，將寶特瓶往旁邊提起，然後放開（像盪鞦韆時把鞦韆提高又放開），讓寶特瓶自由擺動，觀察滴出的顏料形成的軌跡，你會發現顏料在紙上畫出神奇的水彩畫喔！（如圖3）

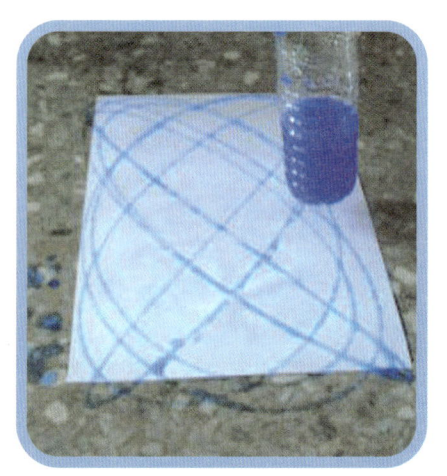

▶ **給親師的話**

圖3

　　寶特瓶離地面高度不要太高，否則擺動時滴出顏料的痕跡會模糊。另外，寶特瓶瓶底的洞鑽好後，先倒些水，檢查水是否由瓶底中央洞口直接流出，假如水先沿著瓶底流向邊緣才滴下來，請將洞再鑽大一些（寶特瓶的水裝多一點，使水壓增加也可以改善滴出的情況）。

　　當小朋友完成一張創意水彩畫之後，可以指導小朋友挑戰以下的任務：
1. 仔細觀察寶特瓶走過的路徑，並用碼錶測量走過相同的圖形所花的時間，可以發現什麼現象？如果小朋友能說出寶特瓶會畫出相同的圖形，但圖形會越畫越小，而走過相似路徑所花的時間大致是相同的，那麼小朋友就掌握到觀察的重點了。
2. 調整膠帶固定的高度，以及寶特瓶開始擺動的位置，觀察畫出來的圖形有什麼差別？並嘗試看看，可以畫出幾種不同的圖形？

▶ **原理**

　　用一條線，下面綁住一個重物，將其吊起來，然後將重物往旁邊提起，當手放開後因為重力的關係使重物下墜，到了最低點時，重力位能轉換成了動能，因此重物具有足夠的能量往另一邊上擺。就這樣來來回回，直到能量因為摩擦力、空氣阻力等因素而消耗，重物就漸漸停止不動了。這可以稱作是一種單擺。當小角度（小於5度）的擺動時，單擺的週期（來回擺動一次的時間）只和擺長（線的長度）有關，和擺錘（重物）的重量大小無關；也就是說，只要擺長不變，即使擺錘的重量改變，單擺的週期是不會改變的，這就是單擺的等時性。

　　而我們所玩的這個科學遊戲則是稱為「Y-suspended pendulum」的複合擺，因為上方的Y字型部分多加了一條線，比起單擺多了一個向度的影響，使得擺錘在平面行走的投影軌跡，不是單純的一直線。隨著寶特瓶（擺錘）往旁邊提起的位置不同，會畫出不同的圖形。滴出的顏料形成的軌跡，乍看之下似乎沒有什麼規律，但再仔細觀察，還是可以發現會沿著相似的路徑在走，而走一周所花的時間也大致是相同的，只是圖形越畫越小而已。在這個遊戲中，我們希望把重點放在觀察圖形的規律性和嘗試畫出各種不同的圖形，至於詳細關於數學或物理學上原理的部分，如果有興趣，可以上網查看以下幾個網站的詳細介紹：

1. http://www.mathcats.com/explore/encyclo/encyclogram.html
2. http://en.wikipedia.org/wiki/Harmonograph
3. http://mathworld.wolfram.com/Harmonograph.html
4. http://www.geocities.com/davidvwilliamson/harmonograph.html
5. http://ozviz.wasp.uwa.edu.au/~pbourke/surfaces_curves/harmonograph/
6. http://en.wikipedia.org/wiki/Lissajous_curve
7. http://faraday.physics.uiowa.edu/acoust/3A80.10.htm

24 會打結的水

分開的水流，如何打結呢？

實驗影片QRC

▶ 器材

寶特瓶、圖釘、尺、簽字筆。

▶ 操作步驟

1. 取一個方形的寶特瓶，在距瓶底約1公分處用圖釘戳出二個水平的小孔，兩個小孔間的距離約為0.3-0.4公分。
2. 將寶特瓶裝約八分滿的水（不要蓋上瓶蓋），此時水會從小孔流出，成為二股水流（如圖1）。此時用手輕輕畫過二個小孔（或同時輕觸再放開），二股水流就會合成一股水流喔！（如圖2）

圖1

圖2

▶ 給親師的話

　　寶特瓶戳孔時請注意圖釘須垂直寶特瓶面打洞，以確使流出來的水不會歪斜，是互相平行的，觀察時才會清楚、明顯。戳好洞後先裝水試試看流出的兩股水流是平行分開或交叉？如果交叉或過於歪斜，再用圖釘鑽一鑽，調整水流出的方向。

　　當小朋友操作並觀察完後，可以指導小朋友完成以下的任務：

1. 試試看兩個孔相距多遠時流出的水還是可以打結？（可以由0.3公分、0.4公分……，每次增加0.1公分擴大兩孔之間的距離，孔距1公分內流出的水應該都還可以打結。）
2. 讓小朋友試試看，將3個孔水平排成一列，讓流出的水打結（每個孔相距0.3公分），試試看最多可以讓幾股水流打結？

▶ 原理

　　水是由許多小到看不見的水分子聚集而成的，每個水分子間都會互相吸引（與造成表面張力的原理一樣）。當水流分別流出時，因兩股水流距離太遠，水分子無法互相吸引。當手指輕輕劃過小孔時，水流到手指上使水分子的距離夠近，可以彼此互相吸引，而使兩股水流打結。

玩出創意 120個創新科學遊戲

25 寶特瓶的龍捲風

在寶特瓶內製造龍捲風，會有什麼奇妙的現象呢？

實驗影片QRC

▶ 器材

寶特瓶（2個）、保麗龍球（數個）、保麗龍膠、膠帶、鑽孔器、碼錶（或手錶）。

▶ 操作步驟

1. 取寶特瓶瓶蓋二個，在瓶蓋中央鑽一個直徑約1公分的洞（注意：洞不可過大），再用保麗龍膠將二個瓶蓋緊緊黏在一起（如圖1）。之後再用膠帶將兩個瓶蓋的接合處封好（不要留空隙讓空氣跑進去）。
2. 在其中一個寶特瓶裝約八分滿的水，放入一顆小保麗龍球（方便觀察用），再將瓶蓋旋緊；另一個寶特瓶則倒立套在上面的瓶蓋。

圖1

3. 將二個寶特瓶倒立（裝水的瓶子倒過來在上面），可以觀察到水流到下面的寶特瓶只有一點點就停了。如果再壓一下上面的寶特瓶，水也是只流下一些，不會全部流下來。
4. 如果不是用壓的，而是把二個寶特瓶拿起來一起旋轉（快速旋轉約5圈即可），然後靜置放著，可以發現上方寶特瓶中的水（有漩渦喔），可以很快的流到下面的寶特瓶。（如圖2）

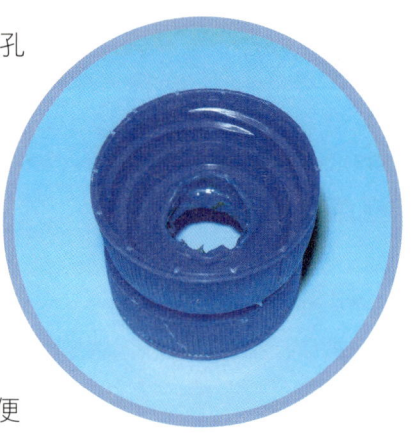

▶ **給親師的話**

　　瓶蓋洞的大小,是影響操作結果很重要的因素。如果瓶蓋的洞鑽得太大,上方寶特瓶的水會自行流下來(空氣可以進出),而洞太小又會造成即使用力搖晃也無法形成龍捲風的通道,使水流不下來。所以鑽的洞至少要直徑大於1公分。

　　建議不要直接示範,而是製作完成後,將二個寶特瓶靜置,問小朋友:「你可以拿起來隨意的操弄3秒鐘,例如壓、捏、擠……,3秒後要放回去,看能不能讓上面寶特瓶的水全部都流下來?」讓小朋友能自己動腦想一想,可以增加驚奇的效果。

圖2

▶ **原理**

　　當裝滿水的寶特瓶倒立時,因為瓶口受到空氣壓力的影響,水不容易順暢的流出,但搖晃轉動寶特瓶後,水會產生漩渦,看起來就像龍捲風。仔細觀察,其實在漩渦中央有一空洞,下方寶特瓶的空氣由空洞流入上方寶特瓶的內部,就能使瓶內的水能夠迅速的流到下方的瓶子。平常如果仔細觀察浴缸或廚房的水槽放水的情形,也可以看到在出水口的地方形成一個類似龍捲風的漩渦。

26 當乒乓球遇見水

把乒乓球放入水中,乒乓球一定會浮在水面上嗎?

實驗影片QRC

▶ **器材**

漏斗（可用寶特瓶的瓶口代替,以美工刀切開）、乒乓球、水桶。

▶ **操作步驟**

1. 把漏斗尖端朝下,放入乒乓球後,從上方倒水到漏斗,可以發現漏斗不會漏水,而且乒乓球也不會浮上水面,為什麼呢?
2. 接著將漏斗下端浸入水中,乒乓球就會從水中浮出來了（用手把漏斗底封住,也有相同的效果）。

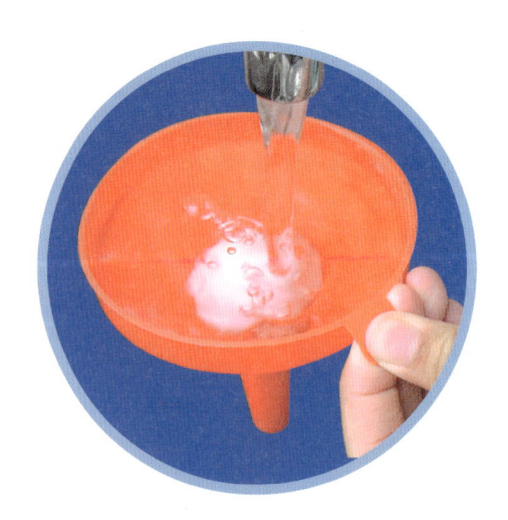

▶ 給親師的話

建議可以在水桶中裝水再放入乒乓球，讓乒乓球浮在水面，再進行此項遊戲，讓小朋友比較二者有何不同，並想一想為什麼？此外，也要留意乒乓球與漏斗之間不能有縫隙，否則水從縫隙流下去，乒乓球就會浮起來。

▶ 原理

乒乓球不會上浮，是因為乒乓球會被來自上方的水壓壓住（上下的大氣壓力一樣），因此不會上浮。而將漏斗下端浸入水中後，改變原來壓力的平衡狀態（漏斗下方的空氣被壓縮），乒乓球與漏斗之間就有縫隙，而使得上方的水有縫隙可以流下來，乒乓球就靠著浮力衝上水面。

MEMO

玩出創意 120個創新科學遊戲

27 液體彩虹

彩虹都是高掛在雨後的天空，可以出現在試管中嗎？

實驗影片QRC

▶ **器材**

　　小杯子、八根小試管、湯匙、水彩、鹽、滴管、試管架。

▶ **操作步驟**

1. 在小杯子中先配製飽和食鹽水（在水中反覆加鹽並攪拌，直到有鹽的沉澱無法溶解為止，上層即為飽和溶液）。
2. 取六根試管各加入約2毫升的飽和食鹽水，然後加入水。加入的水量分別為1毫升、2毫升、3毫升……6毫升，即可得到不同濃度的食鹽水。
   （建議貼上寫了號碼的標籤，以免混亂。）
3. 依濃度高低順序排好後，加入不同顏色的水彩（水彩不可放太多，以免影響濃度）。
   （如圖1）

圖1

4. 取一根細長的試管，用滴管取出調好的各種濃度（顏色）的食鹽水滴入此試管。依濃度大小順序（各取約1毫升），首先取濃度最大的，其次濃度次高的，最後是濃度最小的。滴入時，如果直接滴進試管，不同濃度的食鹽水會互相混和，無法分層。所以必須很慢很慢的滴，而且讓滴入的食鹽水沿著管壁流進試管中。只要仔細、小心的滴，就可以形成美麗的七彩分層液體。（如圖2）

▶ **給親師的話**

要使分層明顯，層與層之間的顏色對比越大越好，例如：避免紅色與橘色相鄰，藍色與紫色相鄰。並使用細長型的試管，以方便操作及觀察結果。如果一次分七層有操作上的困難，可先練習三層或四層，再慢慢挑戰七層或八層。

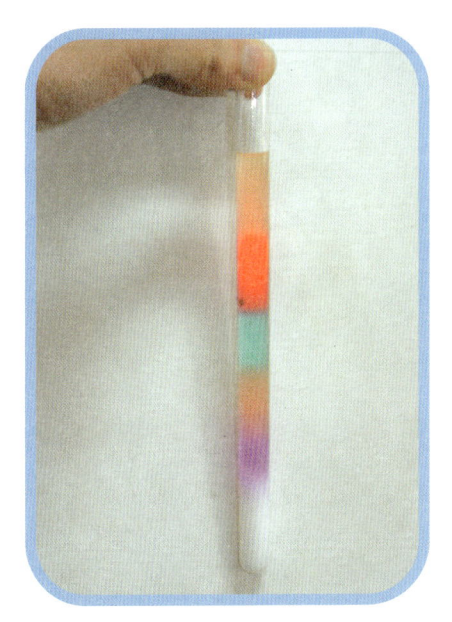

圖2

▶ **原理**

不同濃度（密度）的液體混合時（避免搖晃），密度大的會沉在下層，密度小的則可以浮在上層。而滴入食鹽水時，沿管壁慢慢滴入可以減少液體往下流時產生的衝擊力，以降低不同濃度食鹽水發生相混合的現象。

28 會跳舞的葡萄乾

在好喝的汽水中，放入葡萄乾，會發生什麼事呢？

實驗影片QRC

▶ **器材**

透明汽水、葡萄乾、玻璃杯。

▶ **操作步驟**

1. 在玻璃杯倒入八分滿的汽水，再放入葡萄乾約三粒，葡萄乾會沉入汽水中。
2. 注意觀察，沒多久葡萄乾會浮起來，沒一會兒又下沉，然後又慢慢上升，一會兒後又下沉，如此反覆浮浮沉沉，好像在汽水中跳舞。

圖1

圖 2

▶ 給親師的話

　　不同廠牌的葡萄乾會有不同的效果，沉浮次數也有差異（甚至有些廠牌的不會浮起來）。建議先買小包裝的葡萄乾試驗，確定效果不錯之後，才買大包裝的。另一方面，也可以不用汽水，只要是碳酸水都可以（例如：啤酒、氣泡礦泉水……），但是透明的液體比較容易觀察。

▶ 原理

　　葡萄乾因為密度比汽水大，所以會沉入汽水中。溶在汽水中的二氧化碳，會附著在葡萄乾上，提供了葡萄乾浮力，因此葡萄乾會浮起來。葡萄乾浮出水面後，二氧化碳的氣泡會破裂釋出，葡萄乾就會往下沉。如此周而復始，直到汽水中的二氧化碳濃度降低至不再產生足夠的氣泡為止。

29 裹蠟杯的特異功能

原來裹蠟杯也有特異功能！一起來玩玩看吧！

實驗影片QRC

▶ **器材**

蠟燭1根、玻璃杯2個、保麗龍屑2個、竹筷2枝、鐵絲1條、鐵罐1個。

▶ **操作步驟**

1. 將一塊蠟燭放入鐵罐中，然後加入熱開水，使蠟燭融化。
2. 當蠟燭融化後立刻放入一個玻璃杯，用筷子或烤肉夾翻動玻璃杯（避免燙手），使杯子內層附著上一層蠟，以便冷卻後得到一個裹蠟杯。
3. 將水加入裹蠟杯中（八分滿即可），再將一小塊保麗龍屑放到杯中。仔細觀察，會發現裹蠟杯中的保麗龍屑會停在水面的中央。如果稍微傾斜裹蠟杯，保麗龍屑還是停留在中央喔！（如圖1）

圖1

4. 用一支竹筷子（或鐵絲）插入水中，保麗龍屑會被筷子吸引，並會隨著筷子移動，好像追著筷子跑。（如圖2）
5. 另取一乾淨的玻璃杯裝水，重複步驟 3-4 的操作，仔細觀察杯中保麗龍屑的運動有何差別？（保麗龍屑都往杯子邊緣靠近，且遠離筷子，不會被筷子吸引。）

▶ **給親師的話**

　　除了利用蠟燭製作裹蠟杯之外，也可以用凡士林或面霜之類的油性藥膏塗在玻璃杯內，也會產生和裹蠟杯一樣的效果。

圖2

▶ **原理**

　　在乾淨的玻璃杯中，水的表面在靠近杯壁的部分略微往上（水能往杯壁吸附），造成一個由中心向外的拉力，把在中心的保麗龍屑拉到杯壁。而如果杯壁塗上了蠟，水無法吸附到杯壁上，靠近杯壁的水會往下凹，造成一個由外向中心的拉力，所以保麗龍屑就停在中心。

30 紙花

花開不必等春天，遇水則開！

實驗影片QRC

▶ 器材

報紙、影印紙、剪刀、水盆。

▶ 操作步驟

1. 將報紙剪一個半徑約5公分的圓形，再將圓形的報紙對摺三次，分為八等分。
2. 沿著等分線用剪刀剪（小於二分之一半徑的長度），剪好後依序將「花瓣」往圓心內摺，成為8個花瓣的紙花。
3. 將紙花輕輕平放於裝水的水盆中，可以看到紙花的花瓣會依序張開，類似開花的模樣。
4. 完成一個紙花之後，再用影印紙做一次，並仔細觀察和報紙的開花速度有何差別？並想一想為什麼？

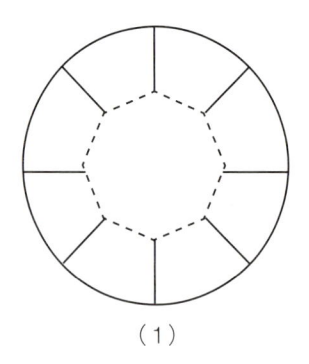

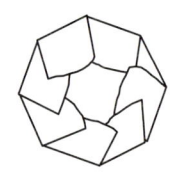

（1） （2）

圖1

▶ **給親師的話**

　　完成上述的操作後，請指導小朋友發揮創意，製作出多層次的開花形式，例如：在圓心剪出花蕊朝外摺，就會往內閉合；也可以在外圍的花瓣再剪出一個小花瓣，形成同時有往內、往外多層次的開花效果（如圖2）。又如利用「門」這個字，設計成放入水中可以看到「關門的動作」（如圖3）。

圖 2 　　　　　　　　　　　　　　　圖 3

▶ **原理**

　　紙放到水面，水會因毛細作用而吸附進入紙張。由於紙張是由植物的纖維製作的，當紙張（纖維）被彎折後，纖維遇到水就會有回復原狀的傾向（如同軟的水管在自來水通過時會扭動拉直一般）。而影印紙比報紙厚，纖維較多較厚，因此吸水比報紙慢，回復原狀的速度就比較慢。但是報紙如果油墨過多，也會影響吸水速度，開花較慢。

31 不沉鐵絲

鐵絲密度比水大，有可能浮在水面上嗎？

實驗影片QRC

▶ **器材**

鐵絲、水盆、老虎鉗、衛生紙。

▶ **操作步驟**

1. 取一段約20公分長的鐵絲。（如下圖）

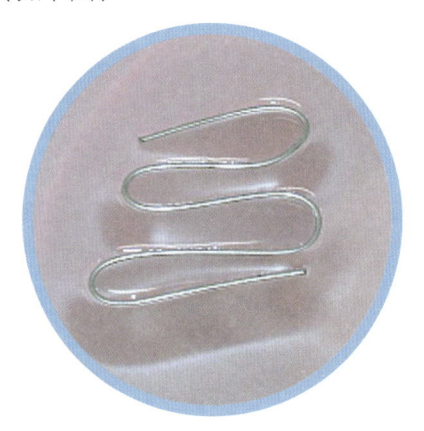

2. 將鐵絲折成任意形狀（注意必須保持在同一平面）。
3. 先放一小張衛生紙到裝水的小盆子上，再將折好的鐵絲輕輕放在衛生紙上，浮在水面。
4. 小心的將衛生紙慢慢戳進水裡，試試看，讓衛生紙沉入水中，鐵絲仍然浮在水面喔！（如上圖）

⚠️ **注意**：戳衛生紙時，一定要小心慢慢的戳，如果不成功，鐵絲沉下去，再試一次。（鐵絲如果沾溼，一定要先擦乾再放喔！）

▶ **給親師的話**

　　彎折鐵絲時，儘量在平整的桌面進行，以免鐵絲容易凹凸不平，而鐵絲的兩端可以略為上翹一些，更容易成功。另一方面，也可先試驗迴紋針，比較簡易。如果小朋友願意嘗試，50公分長的鐵絲也可以成功，但是鐵絲越長越不容易彎折平整，較容易失敗。理論上只要鐵絲能保持平整即可，是否能沉浮與鐵絲長度並無關係。

▶ **原理**

　　水的表面張力能夠提供鐵絲足夠的浮力，但是如果鐵絲不夠平整，有部分鐵絲先沉入水中，則此部分會因重力繼續沉入水中，連帶使鐵絲全部沉下去了。

MEMO

32 水上年輪

> 想看年輪不必把樹木鋸掉，自己來做年輪吧！

▶ **器材**

水盆、牙籤、墨汁、沙拉油。

▶ **操作步驟**

1. 先取一小盆的水，靜待讓水面靜止，不能晃動。
2. 準備二根牙籤，把尖端折斷。用第一根牙籤沾墨汁，輕輕點於水面中央，可以看到墨汁擴散開來。
3. 再以第二根牙籤沾沙拉油，輕輕的點於散開的墨汁的中心，沙拉油會聚成一小點，不會散開。
4. 第一根牙籤再沾墨汁，點在沙拉油的中心點，又可以看到墨汁擴散開來。

⚠ **注意**：一定要點在油滴的正中心。

5. 反覆上述步驟，沾上墨汁與沙拉油，就可以製造出多個同心圓，就像是樹木的年輪一般。
6. 比賽誰的年輪最多圈，年紀最大。

▶ 給親師的話

  不同廠牌的墨汁在水中散開的程度不同，甚至水盆的材料也會影響，如果第一滴墨汁在水中不會散開，請更換水盆或墨汁。熟悉操作後，可以和小朋友比賽誰的年輪最多圈，年紀最大。

▶ 原理

  墨汁會散開是因為水的表面張力比墨汁大，而油的表面張力比水大，因此油滴在水面會聚在一起。當表面張力較小的墨汁滴進去時，油的表面張力就會把墨汁拉開，而且油和水不會互相溶解，會分開，因此就形成了一圈一圈的年輪。

MEMO

33 不漏水的網子

有洞就一定會漏水嗎？那可不一定喔！

實驗影片QRC

▶ 器材

玻璃瓶、紗網、水盆。

▶ 操作步驟

1. 取一比玻璃瓶瓶口略大的紗網。
2. 將玻璃瓶放進水盆中，讓玻璃瓶裝滿水，再將紗網緊緊套在瓶口。
3. 將玻璃瓶瓶口朝下，握緊紗網，垂直地把玻璃瓶拿起來，仔細觀察瓶子裡的水會流出來嗎？（如圖1）
4. 把玻璃瓶略為傾斜，瓶子裡的水會流出來嗎？（如圖2）

圖1　　　　　　　　　　　圖2

▶ **給親師的話**

　　本遊戲也可以用紗布取代紗網，但是紗網的孔比較大，驚奇效果會更好。此外，須注意紗網比較硬，要注意與玻璃瓶瓶口必須貼緊，否則水會從未貼緊的間隙流出去。

▶ **原理**

　　紗網雖然有孔洞，但是水的表面張力讓空氣無法由孔洞進入，因此大氣壓力支撐了水的重量。玻璃瓶傾斜時，紗網兩側水壓不平衡（如下圖），水會從較低的一側流出（水壓較大），表面張力也因為傾斜不平衡而破壞，空氣得以進入瓶中，因此傾斜時水會流出來。

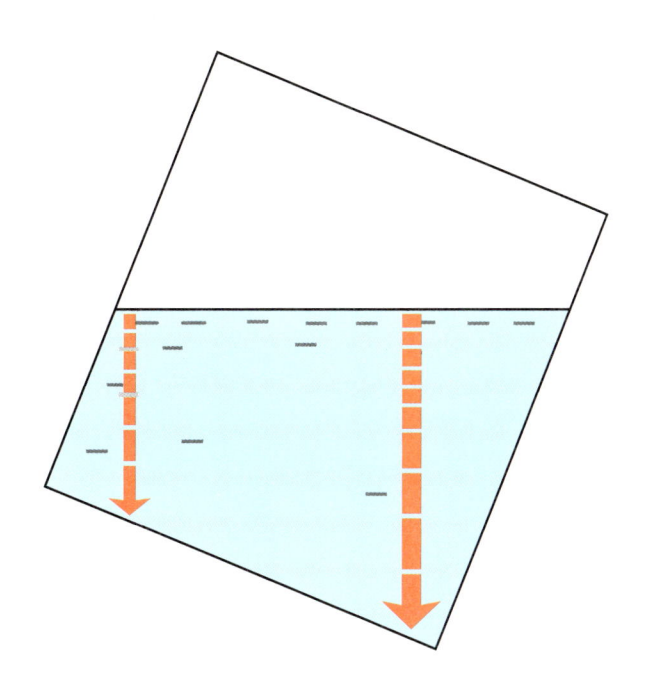

34 浮在空中的泡泡

你知道如何讓泡泡浮在半空中嗎？

實驗影片QRC

▶ 器材

飼養箱（或透明容器）、小蘇打粉、食用醋、泡泡槍（能連續發射泡泡，在玩具店可買到）、洗碗精。

▶ 操作步驟

1. 以容器量取大約等量的小蘇打粉和食用醋（約200毫升）。
2. 將小蘇打粉均勻灑在飼養箱中。
3. 將食用醋加入約4倍的水稀釋並攪拌後，緩緩倒入飼養箱中。（如果小蘇打粉黏在底部，可用筷子輕輕攪動，使其和食用醋充分反應。）
4. 注意不要搖動飼養箱，反應完後（停止冒泡），利用泡泡槍打出泡泡，並使泡泡掉入飼養箱中（泡泡槍不要對著飼養箱內發射，以避免泡泡附著在壁上）。
5. 飼養箱中的泡泡會浮在液面上方（如右圖），直到破掉。

▶ **給親師的話**

　　本活動可以讓孩子對二氧化碳有更深的認識，例如：二氧化碳比空氣重，而且是不可燃的氣體（因此也應用在滅火器上）。另外，這個實驗必須在無風的地方進行，且二氧化碳並不會一直停留在飼養箱中，所以經過幾分鐘後，即使重新吹的泡泡也無法浮在箱內。

　　當小朋友成功完成實驗後，可以問小朋友以下問題：

1. 日常生活中，還有哪些方法可以產生二氧化碳呢？（乾冰、發泡入浴劑、養魚用二氧化碳發泡錠等）
2. 使用吸管沾泡泡液，再用嘴巴輕輕吹泡泡到飼養箱中，是否也會成功？如果不成功，原因是什麼呢？

▶ **原理**

　　小蘇打粉加食用醋，會產生二氧化碳，因為泡泡中的空氣比二氧化碳輕，所以泡泡會浮在半空中。

MEMO

35 玩泡泡、拉泡泡 / 一、花樣百出玩泡泡

你知道一個不起眼的泡泡，可以有多少變化嗎？

實驗影片QRC

▶ 器材

洗碗精、水、盤子、毛根（文具店可買到）或鐵絲。

▶ 操作步驟

將洗碗精酌量（能吹出泡泡即可）加入水後輕輕攪拌。

1. 吹吹看

將毛根折成各種不同幾何圖形（如圖1），例如：菱形、圓形、八字形、同心圓……，吹吹看。（毛根比鐵絲更易吸附泡泡水，效果更佳。）

圖 1

2. 泡中泡

將一個泡泡附著在鐵圈上（圖2）或桌上（圖3），利用吸管在泡泡中繼續吹小泡泡，一個接一個。

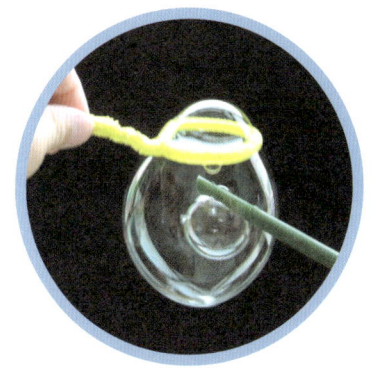

圖2

圖3

3. 核分裂

先在一個鐵圈上附著一個泡泡（圖4），再用另一個沾過泡泡液的鐵圈將泡泡拉開（圖5），形成兩個泡泡（圖6）。

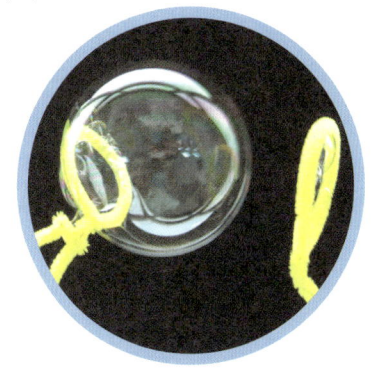

圖4

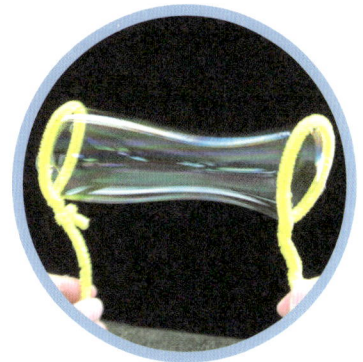

圖5

圖6

4. 造型泡泡

　　在盤子上吹泡泡，一個接一個，組合成許多可愛的圖形，例如：毛毛蟲、米老鼠、瓢蟲……。

▶ **給親師的話**

　　當成功完成實驗後，可以問小朋友：「不是封閉的鐵絲可以吹出泡泡嗎？為什麼？」（如果鐵絲是開放形狀，泡泡膜就無法產生，也就無法吹出泡泡。）

36 玩泡泡、拉泡泡 / 二、拉大泡泡

泡泡不只可以用「吹」的，還可以用「拉」的喔！

實驗影片QRC

▶ 器材
洗碗精、甘油、捕魚網、大盆子。

▶ 操作步驟
1. 配製泡泡水；洗碗精與水的比例約4：1。（不同廠牌的洗碗精比例會不同）
2. 將捕魚網的網子剪掉。（但鐵絲圈圈仍留著網子，以吸附更多泡泡水。）
3. 大盆子要清洗乾淨。

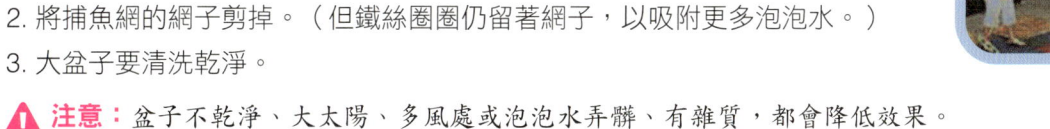

⚠️ **注意**：盆子不乾淨、大太陽、多風處或泡泡水弄髒、有雜質，都會降低效果。

4. 拉泡泡的速度自行控制，以拉出一「長泡泡」或一個「大泡泡」為目標。
5. 加入少量的甘油或醋酸，可以提升拉泡泡的效果。

▶ 給親師的話

洗碗精、捕魚網（或捕蝶網）在家用五金店買得到，洗碗精大桶的4公升約50元，不要用比較貴的家庭用洗碗精。而上述洗碗精和水的比例只是建議，因為和洗碗精的廠牌有關（配方不同的因素）。建議可由4：1（洗碗精：水）開始嘗試，效果如果不好，可逐漸增加水的量，只要耐心嘗試，你也可以拉出如上圖的超大型泡泡。而甘油或醋酸只是讓效果略佳（能增加與水分子的吸引力），絕不能加太多，加太多反而會降低效果。

另外，可以準備大小不同的捕魚網，讓孩子們比較看看（捕魚網越大，拉出來的泡泡會越大，但是長度會越短）。另外，拉大泡泡時地板容易濕滑，要特別小心，有需要時應鋪上止滑墊。

▶ 原理

泡泡是一層薄薄的泡泡膜包著空氣所構成，當我們對著沾了泡泡水的吹管吹氣，空氣灌入吹管，就會被包在一層薄薄的泡泡膜內，而泡泡膜是一層薄膜，是由清潔劑分子包圍住水，所形成的一層薄膜。

清潔劑（或肥皂）是一種「界面活性劑」，界面活性劑是由許多特殊的分子所組成，這些分子的特徵是：頭尾二端的性質不一樣，一端喜歡和水親近，我們會稱它為「親水端」；另一端不喜歡水，喜歡和油親近，我們稱為「親油端」。清潔劑分子遇到水時，「親水端」的一頭就會包圍住水，而形成薄膜了。

第 2 篇　水的科學遊戲

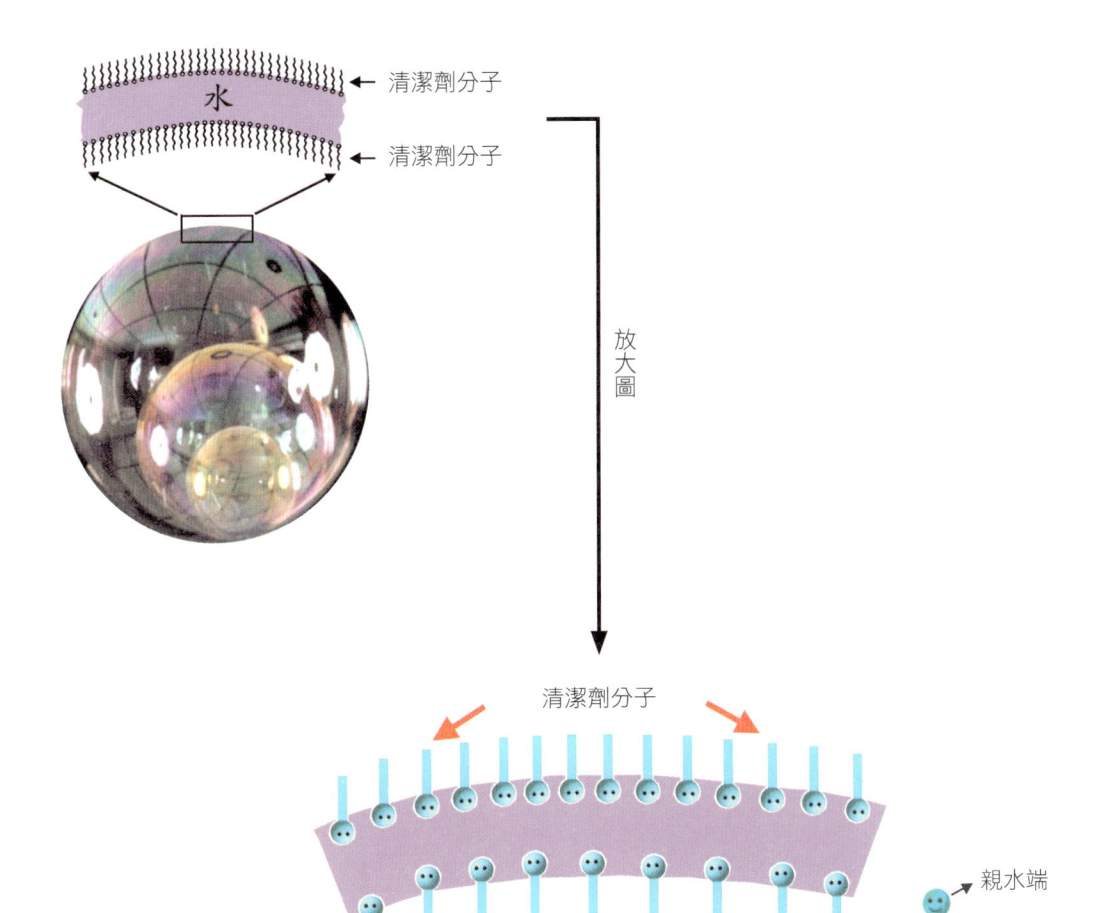

水

← 清潔劑分子

← 清潔劑分子

放大圖

清潔劑分子

清潔劑分子

親水端

親油端

79

玩出創意 120個創新科學遊戲

37 自由進出泡泡框

將手穿過泡泡膜,泡泡膜也不會破,你知道是怎麼辦到的嗎?

實驗影片QRC

▶ 器材

毛根(或鐵絲)、洗碗精、水、盆子。

▶ 操作步驟

1. 將毛根折成兩個框。(如圖1)
2. 將兩個框浸入配好的泡泡液中,拿出來時先確定都形成了泡泡膜,再小心地將其中一個泡泡框穿過另一個,看能不能使兩個薄膜都不破裂。(如圖2)

圖1

圖2

3. 準備另一個泡泡框，先將手沾上泡泡液後，慢慢穿過泡泡膜。（如圖3）

圖 3

▶ **給親師的話**

　　當成功完成實驗後，建議將泡泡液濃度降低（水加多一些），此時只要將手用水沾濕即可穿過泡泡膜。（因為泡泡液中的水比例較多，所以較易附著在沾水的手上。）

　　另外，請留意泡泡膜破掉時，小心避免泡泡液飛濺到眼睛。

▶ **原理**

　　由於兩個框都沾上泡泡液，因此當它們互相接觸時，彼此的泡泡液會相互附著，所以泡泡膜不會破掉。同樣的，沾上泡泡液的手也能穿過泡泡框而不會使泡泡膜破掉。

38 改變形狀的泡泡膜

你知道泡泡膜為什麼會改變形狀嗎？

實驗影片QRC

▶ **器材**

　　毛根、棉線、洗碗精、水、盆子。

▶ **操作步驟**

1. 將毛根（文具店有售）先折成框，在上下兩端對稱的地方綁上兩條比寬度略長的棉線，將框框大約分成三等分。（如圖1）

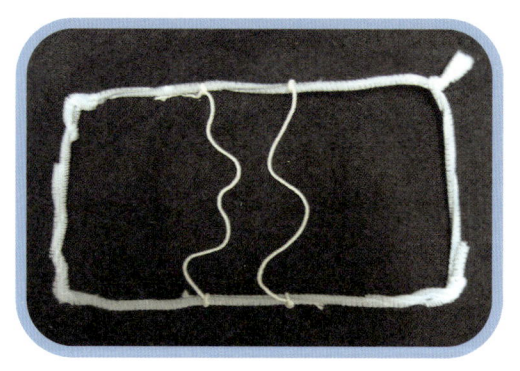

圖1

2. 將框放入裝有泡泡液的盆子再拿出來，使三個等分都形成泡泡膜。（如圖2）
3. 用乾燥的牙籤或手指將中間的薄膜戳破，兩邊泡泡膜的形狀將會改變。（如圖3）（如果手指或牙籤上沾有泡泡液或潮濕，則泡泡膜不容易被戳破。）

　　　　　　圖 2　　　　　　　　　　　　　　圖 3

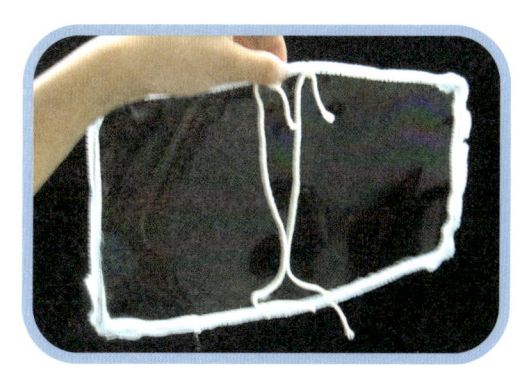

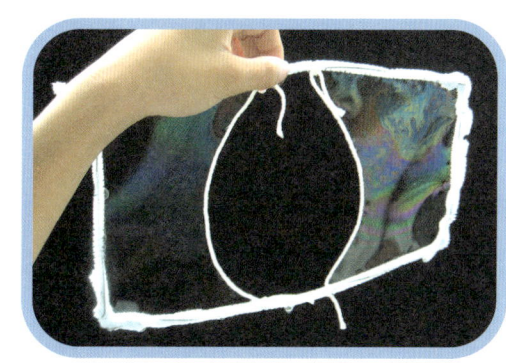

▶ **給親師的話**

　　泡泡膜被戳破時，棉線產生的形狀變化會令小朋友十分驚訝。所以在戳破前先提醒孩子注意看，也可以問小朋友以下問題：
  1. 猜猜看泡泡膜被戳破時會發生什麼變化？
  2. 當孩子看到薄膜的改變後，可接著問：「如果改成將旁邊（右邊或左邊）的泡泡膜戳破，泡泡膜會有什麼改變？」

▶ **原理**

　　中間的泡泡膜破掉後，二邊泡泡膜具有表面張力，因此會將棉線吸拉過去，導致棉線往二側凸出。（圖3）

39 冰凍泡泡

你知道泡泡也可以冰凍嗎？

實驗影片QRC

▶ **器材**

盤子、洗碗精、吸管、冷凍庫（冰箱）、甘油。

▶ **操作步驟**

1. 先配好泡泡水。（如果無法成功，往往是泡泡結凍前就破掉。因此可以在泡泡水中加一點點甘油。）
2. 將冰箱冷凍庫設定在「強」。（務必在最短時間內結凍，否則無法成功。）
3. 以水沾溼盤子，並在盤中吹出半球形泡泡。
4. 將泡泡放入冷凍庫中，經過15-20分鐘後，就可以做出冰凍泡泡。（打開冷凍庫時要小心，避免讓外面的風直接吹入冷凍庫。）

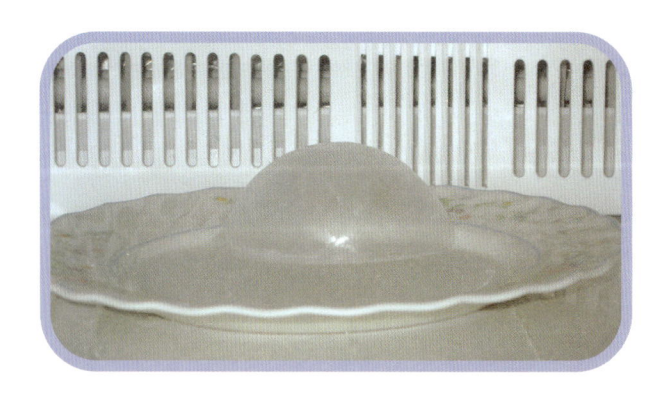

▶ **給親師的話**

　　指導小朋友試驗大小不同的泡泡，比較何者較容易成功？拿出冰箱後，何者又較能持久呢？

▶ **原理**

　　泡泡本身大部分是水，所以在破裂前急速冷卻就會結凍。但是，冰凍泡泡一離開冷凍庫，很快就會破裂，因為泡泡膜相當薄，接觸到外界的空氣時，很快就會融化破裂。

40 泡泡幾何學 / 一、二維泡泡

泡泡在空間中會形成最小表面積，可以用來設計最短路徑的公路喔！

實驗影片QRC

▶ 器材

洗碗精、壓克力板。

▶ 操作步驟

1. 在二片透明壓克力板之間吹兩個泡泡，使兩個泡泡相遇，看看接觸面是不是形成180度？
2. 繼續加入第三個泡泡時，看看接觸面是不是形成120度？繼續吹入多一點的泡泡，仔細觀察泡泡之間的接觸面，會發現接觸面還是120度。（因為仍是三個泡泡互相接觸，所以是120度。）

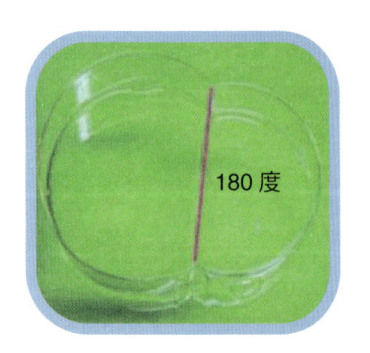

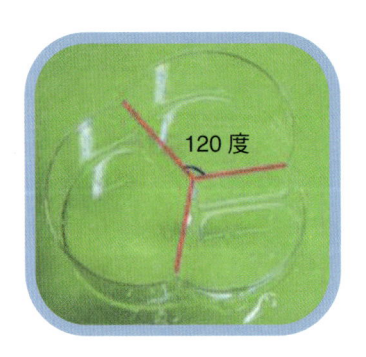

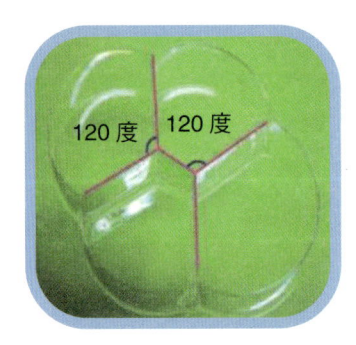

▶ 給親師的話

　　這個遊戲的重點著重在觀察泡泡接觸面的角度，以及探討接觸面的長度，所以較適合中高年級以上的小朋友。

　　當小朋友吹兩個泡泡後，要提示他們泡泡的接觸面是180度。再加入第三個泡泡前，可以讓孩子先猜猜看泡泡的接觸面會變成幾度。等驗證後可以再次問：「加入第四個泡泡時，接觸面會變成幾度？」小朋友往往會答錯，但先不要告訴他，等加入第四個泡泡後，再和孩子一起討論。

　　除了接觸面形成的角度外，接觸面的長度也是可以指導小朋友探討的重點。在壓克力板之間，用保麗龍膠黏上四根小的壓克力柱。如果將此模型放進泡泡水，再拿出來，形成的泡泡膜會是什麼樣子？

　　理論上可能形成的形狀應有下圖四種，而實際結果會是哪一種呢？

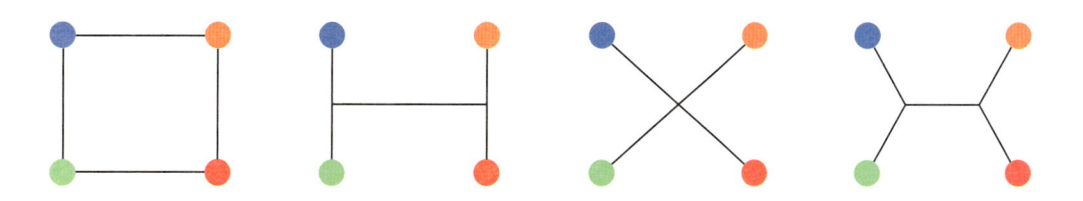

　　注意上圖中四個可能圖形的接觸點（線與線），只有第四個是120度。更值得注意的是「總邊長」；在邊長都為1的情形，最左圖的總邊長為4，第二個為3，第三個約為2.82，第四個最短，總邊長約為2.71。

　　實際形成的泡泡膜就是第四個！這些特徵讓科學家可以利用來建造「最短總路徑」，亦即如果要銜接四個城市（或路口），想要節省經費，設計「最短總路徑」，使任何二個城市（路口）都可以相通，應該如何設計呢？很簡單，只要用模型放到泡泡水再拿起來，就可以得到解答了！

41 泡泡幾何學 / 二、三維泡泡

立體鐵絲架上的泡泡膜很漂亮、很特別喔！

實驗影片QRC

▶ 器材

洗碗精、水、盆子、各式立體鐵絲架。

▶ 操作步驟

1. 利用鐵絲（也可用牙籤與黏土製作）折成各種立方體。（如圖1）

圖1

2. 將正立方體其中一面沾泡泡液，再輕輕取出使其形成薄膜。繼續沾第二面、第三面，仔細觀察正立方體上薄膜所發生的改變，會發現相鄰的薄膜將會相互連接。

3. 在立方體上綁一條線,再將整個正立方體浸入泡泡水中後拉起,觀察泡泡膜在立方體上形成薄膜的情形。(如圖2)
4. 改用四面體試試看(如圖3),並試一試其他製作的模型。

圖2 　　　　　　　　　　　　圖3

▶ 給親師的話

　　這個遊戲著重在觀察,所以請提醒小朋友注意薄膜的改變,並提示說明三個泡泡膜會互相連接,而且互成120度。完成實驗後,可以讓小朋友利用鐵絲、毛根或牙籤,發揮創意,組合成其他的形狀試試看。

▶ 原理

1. 泡泡膜之間有表面張力,由於表面張力的拉扯與平衡,在三度空間中,泡泡膜會形成最小表面積;而在二度空間中,泡泡膜會形成最短路徑。
2. 要形成泡泡膜有二個特徵:一是「封閉區域」,如果鐵絲是開放形狀,泡泡膜就無法產生;二是以「最小表面積」形成泡泡膜,如同吹泡泡時,泡泡是球形的(以相同的體積而言,球形的表面積是最小的)。以正立方體(圖2)為例,泡泡膜總表面積約為六個面面積總和的0.707;而正四面體(圖3)的泡泡膜表面積約為四個面面積的0.604。

42 戳不破的泡泡

泡泡一戳就破，怎麼可能戳不破呢？

實驗影片QRC

▶ 器材
洗碗精、漏斗、棉線、小盆子。

▶ 操作步驟
1. 取一條比漏斗長的棉線，一端打個圈，另一端綁在漏斗上，並置於漏斗外側。（如圖1）
2. 將漏斗的大開口和棉線圈放到配好的泡泡液中再拿出來。
3. 從漏斗尖端口慢慢吹氣，此時泡泡會越來越大。當泡泡大到與漏斗外側的棉線圈附著時（如圖2），立刻用手指壓住尖端口（一定要壓緊，否則泡泡會因為漏氣而一直縮小）。

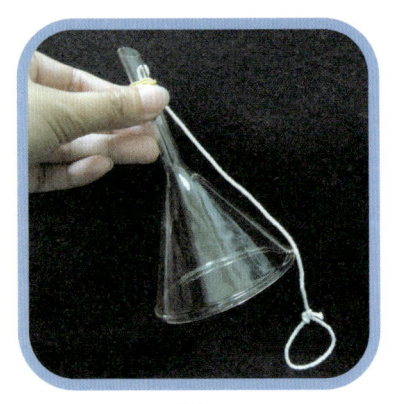

圖1

圖2

4. 用牙籤將棉線圈內的泡泡膜戳破，此時大泡泡不會破掉，只會慢慢縮小。（如圖3）

圖3

▶ **給親師的話**

建議在吹好泡泡後，可以告訴小朋友：「用牙籤戳泡泡，但是泡泡不會破掉，信不信？」接著再將棉線圈內的泡泡膜戳破。

當成功完成實驗後，可以再問小朋友以下問題：

1. 為什麼要把尖端口壓緊？（避免空氣從尖端口跑掉，而使泡泡一直縮小。）
2. 如果用牙籤直接戳線圈外的泡泡部分，會有什麼改變？（大泡泡會破裂，只剩下棉線圈內還有泡泡膜。）

▶ **原理**

棉線的圈內薄膜和其他部分的泡泡膜因為有線圈隔開，所以就算線圈內的薄膜破了，也不會影響其他部分，但空氣會洩出使泡泡慢慢變小，直到與線圈分開。

43 可觸摸泡泡

泡泡雖然漂亮，卻不能觸摸。
你知道有一種「可觸摸泡泡」嗎？

實驗影片QRC

▶ **器材**

洗碗精、膠水、吸管。

▶ **操作步驟**

1. 洗碗精和膠水的比例大約1：5，均勻混合後靜置到小泡泡消失，再用吸管吹吹看。（膠水與洗碗精攪拌後，會產生乳化現象——很多小泡沫，可靜置隔夜，泡沫就會消失。）
2. 如果不成功，可以改變比例（和洗碗精、膠水廠牌有關）。
3. 如果過於黏稠而不易吹出泡泡，可加入一點點水或酒精。

▶ **給親師的話**

　　不同廠牌的洗碗精和膠水所需比例不同，所以如果不成功，可以改變比例再試試看。因為添加膠水，會比較黏稠且不易吹，要鼓勵孩子不要氣餒！再試一次。

　　另外，泡泡破掉後，會殘留白色的膠狀物，要記得指導孩子注意環境清潔。

▶ **原理**

　　將膠水與洗碗精均勻混合後，利用膠水的黏性（膠水是一種高分子）使吹出來的泡泡膜具有黏稠性，而可以觸摸。

MEMO

MEMO

第三篇

空氣的科學遊戲

44 力大無窮的報紙

空氣是個大力士喔！讓我們一起來看看空氣的力氣有多大呢？

實驗影片QRC

▶ **器材**

30公分以上的長尺一支、報紙、10元硬幣15個（或等重的重物，例如：砝碼等）。

▶ **操作步驟**

1. 先將一支長尺放在桌緣（突出約1/3），再將一張報紙壓在尺上面，並把報紙壓平，將縫隙中的空氣儘量壓出。
2. 把一個10元硬幣放到尺的末端，可看到尺聞風不動（如下圖）。逐漸增加10元硬幣的數量直到尺掉下來為止，記錄最多可放置幾個硬幣。

3. 重複第1步驟，但這次不鋪報紙，長尺突出桌緣的距離一樣，觀察並記錄最多可以放置幾個硬幣。
4. 比較哪一種方式可以放置比較多的硬幣。

▶ 給親師的話

1. 如果報紙有皺褶，會比較難將空氣完全擠出，建議使用報紙平整的部分來進行遊戲。或可將報紙稍微沾濕貼緊桌面，這樣效果會更好喔！
2. 建議使用鐵尺（或較薄的尺），這樣可減少因尺厚度所造成的縫隙而降低了效果。
3. 放置硬幣之前，先讓小朋友猜一猜可以放幾個？以增加驚奇效果。

▶ 原理

　　雖然眼睛看不見空氣的存在，但空氣隨時隨地圍繞在我們的身邊，一張攤開的報紙如果緊貼在桌面，沒有任何縫隙的話，那張報紙上有相當的大氣壓力壓著，所以我們能夠放置重物而不容易落下。但當有空氣進入縫隙之後，尺就會比較容易掉落。

MEMO

玩出創意 120 個創新科學遊戲

45 水電梯

利用大氣壓力和水也可以做成電梯喔！
讓我們一起來做做看！

實驗影片QRC

▶ **器材**

　　寶特瓶、乒乓球、吸管、臉盆。

▶ **操作步驟**

1. 將寶特瓶底部挖空，並在瓶蓋打一個洞可使吸管通過。（避免洞口太大，吸管恰好穿過即可。）
2. 將乒乓球放到一個裝水約八分滿的臉盆，把寶特瓶底部對著乒乓球壓下。（如圖1）

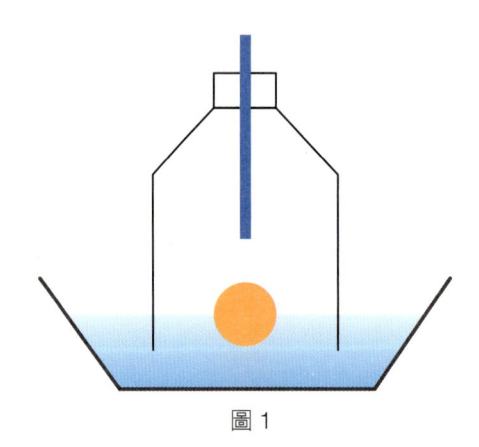

圖 1

3. 對著吸管吸氣，可發現乒乓球跟著水面上升。（如圖2）
4. 對著吸管吐氣，可發現乒乓球跟著水面下降。

圖2

5. 自由吸、吐氣,觀察乒乓球位置的變化,升降的情形就好像電梯升降一樣。

▶ **給親師的話**
1. 指導小朋友在吸氣與吐氣時,注意觀察乒乓球位置的變化。
2. 提示小朋友寶特瓶中有空氣,對著吸管吸氣、吐氣就是讓空氣產生變化,可讓水位上升或下降。

▶ **原理**
　　因為空氣占有體積,所以當寶特瓶內的空氣被吸出時,水盆的水會進入瓶內,取代原本空氣占有的空間。當空氣再次被吹進去瓶內時,空氣又占據了寶特瓶內的空間,水位會下降。進出寶特瓶內的空氣量可以控制水位的升降,而浮在水面的乒乓球就好像坐電梯一樣的升降。

46 空氣魔術師

你知道空氣是個厲害的魔術師嗎？
讓我們來看看它神奇的魔法吧！

實驗影片QRC

▶ 器材

1. 流不進瓶中的水：漏斗、寶特瓶、軟木塞。
2. 流不出來的水：寶特瓶。

▶ 操作步驟

1. **流不進瓶中的水**
   （1）先將漏斗插入軟木塞，再將軟木塞塞進瓶口，使瓶口密閉。（家中若沒有軟木塞，可將寶特瓶瓶蓋挖洞讓漏斗可以穿過，再用紙黏土將縫隙填滿。）
   （2）確認瓶口密閉後，將水迅速倒入漏斗中（留意一定要迅速倒入）。
   （3）可觀察到漏斗中的水無法流進瓶中。（如圖1）
   （4）再將軟木塞旋鬆，可看到漏斗中的水能夠流進瓶中了。

2. **流不出來的水**
   （1）將前述遊戲所使用的寶特瓶的瓶身挖幾個小洞。
   （2）將水倒入寶特瓶中，瓶身的洞會開始漏水。（如圖2）

圖1

（3）用手堵住瓶蓋上的洞口，可看到瓶子裡的水流出的速度會變慢。

▶ **給親師的話**

1. 在「流不進瓶中的水」的操作，可與小朋友討論為什麼要很快的倒入水？指導孩子觀察如果慢慢的倒水，會有何差別？
2. 在「流不出來的水」的操作，可試驗挖的洞大、小是否有差別？有沒有可能挖了洞，水還是不會流出來呢？

▶ **原理**

1. 「流不進瓶中的水」：漏斗中的水無法流入，是因為迅速倒入水時，水堵住了漏斗口，瓶子中的空氣無法流出。如果只倒入少量的水，水沒有完全封閉漏斗口，瓶子中的空氣就可以溢出，水就能流入瓶中。
2. 「流不出來的水」中，蓋住瓶蓋時，空氣沒有管道可以進入瓶內，瓶外的大氣壓力就會把水頂住，使得水流出去會較困難。

圖2

47 不會漏水的破瓶子

有缺口的破瓶子裝滿水不會漏出來，怎麼回事呢？

實驗影片QRC

▶ 器材

寶特瓶（2個）、簽字筆、美工刀。

▶ 操作步驟

1. 用簽字筆在距寶特瓶瓶底約二分之一處畫一條和瓶底平行的線（約5公分長），然後用美工刀割開（注意安全，不要割到手指）。
2. 將寶特瓶切口上方的部分往內推入。（如右圖）
3. 寶特瓶浸入水桶中裝滿水，蓋上瓶蓋並轉緊。
4. 寶特瓶從水桶中取出，將瓶子直立起來靜置（如右圖），仔細觀察瓶子裡的水會不會漏出來呢？

往內推

此處會露出缺口

▶ 給親師的話

　　如果水會從缺口流出來，請檢查看看瓶蓋是否鎖緊？切口是否和瓶底成水平？切口是否不平整？並且檢查放置寶特瓶的地方是傾斜還是水平的？

　　如果小朋友不知道要觀察什麼現象時，可以在缺口處的水面放一顆保麗龍球，提醒小朋友觀察寶特瓶的缺口，想想看為什麼水不會由缺口流出來？

▶ 原理

水不會由寶特瓶的缺口流出,是因為瓶蓋是鎖緊的,缺口上方受到大氣壓力的壓迫而不會流出來。如果把瓶蓋打開,讓空氣由瓶口進入瓶中,瓶子內外的大氣壓力平衡,水就會因重力(重量)的影響而流出來。

MEMO

玩出創意 120 個創新科學遊戲

48 寶特瓶裡有噴泉

如何做出一個上面噴水、下面在滴水的滴漏噴泉呢？

實驗影片QRC

▶ **器材**

寶特瓶（2個）、吸管（2根）、圖釘、保麗龍膠、膠帶、鑽孔器。

▶ **操作步驟**

1. 用保麗龍膠將兩個寶特瓶的瓶蓋黏在一起。
2. 在瓶蓋鑽二個相距約0.3公分、直徑約0.5公分的洞（插入吸管用）。
3. 取兩根吸管，在吸管一端距離管口約1公分處用圖釘鑽四個小孔。（如圖1）
4. 再用保麗龍膠將吸管分別固定在寶特瓶蓋的兩個孔洞上，而吸管有鑽孔處朝向瓶蓋（如圖2），將吸管和瓶蓋接合處用保麗龍膠封好，避免漏水。

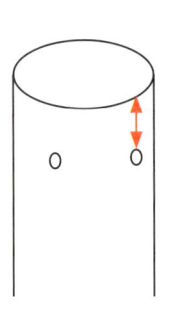

約 1 公分

圖 1

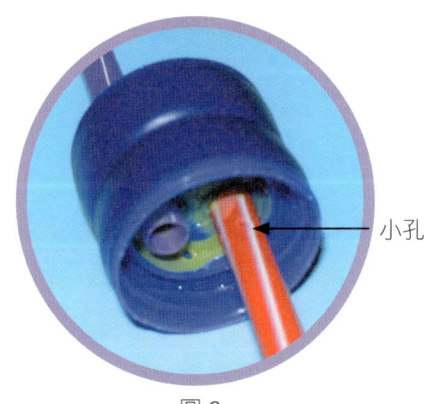

小孔

圖 2

5. 用膠帶將兩個瓶蓋纏繞起來，使瓶蓋更穩固。
6. 將一個寶特瓶裝入約八分滿的水，套在瓶蓋上並旋緊，另外的瓶蓋也套上一個空的寶特瓶。組裝完成後，裝水的寶特瓶倒置在上面。此時可以發現上面寶特瓶中的水會經由吸管流到下面的寶特瓶中，下面寶特瓶的吸管有水往下滴，而上面寶特瓶中的吸管有水往上噴。

▶ **給親師的話**

　　小朋友完成滴漏噴泉後，可以請小朋友進行以下的任務：當寶特瓶倒轉過來時，提醒小朋友觀察在上面寶特瓶中的水有何現象？並可拿碼錶計時，上面寶特瓶中的水滴完需要多少時間？此一自製的滴漏噴泉是否可以當做計時器呢？

▶ **原理**

　　上方寶特瓶中的水沿著瓶蓋下面的吸管向下流時，將下方的寶特瓶中的空氣擠壓。這時下方寶特瓶中的空氣經由瓶蓋上面的另一根吸管頂端進入上方的寶特瓶中。因此上、下寶特瓶的空氣可以互相流通，也就可以讓水流下來，而形成「滴漏噴泉」。（如右圖）

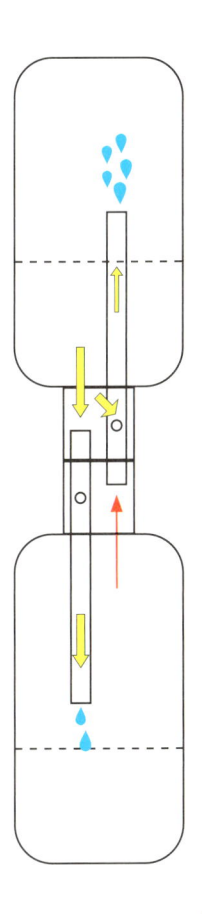

49 CD氣墊船

氣球除了可以做造型之外，還可以變成玩具喔！

實驗影片QRC

▶ 器材

氣球、底片盒、瞬間膠、CD光碟一片、鑽子。

▶ 操作步驟

1. 將底片盒的蓋子與底部，用鑽子（或鐵釘）鑽一個直徑約0.3公分的小洞（如圖1）。使用鑽子時請注意安全。
2. 將底片的蓋子黏在CD光碟的圓孔中（可套住底片盒的部分朝外，如圖2）。確定蓋子黏牢後，將底片盒套上蓋子（如圖3）。注意底片蓋跟CD要黏緊，以免空氣從空隙中跑出，影響移動。

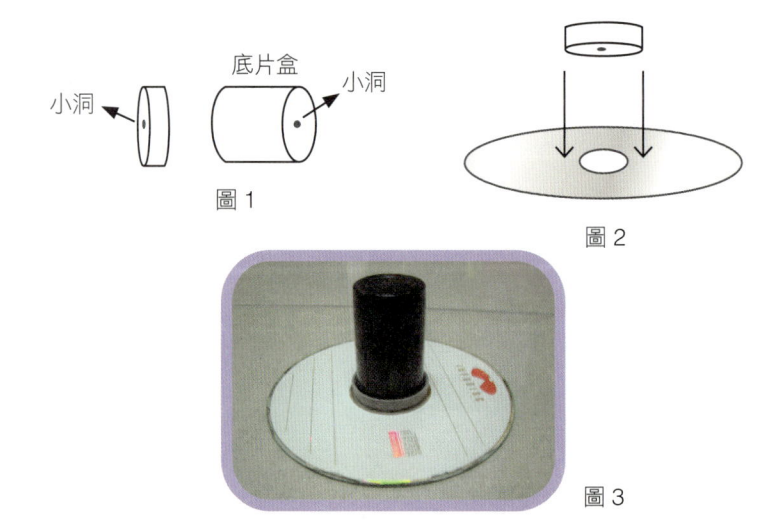

圖1

圖2

圖3

3. 將氣球充氣，套在底片盒上。鬆開氣球，CD會像有氣墊一般，緩緩前進。（如圖4）

⚠️ **注意**：在越平坦且乾淨的平面，CD氣墊船移動的效果越明顯。

圖 4

▶ **給親師的話**

　　當小朋友可以成功製作氣墊船後，可以先讓小朋友比較只有CD片和加了氣球的CD氣墊船，兩者推起來的感覺有何差別？之後指導小朋友比較鑽洞的大小是否會影響前進的情況？

▶ **原理**

　　氣球放開後，噴出的空氣，會在CD跟平面間形成空氣膜，降低彼此的摩擦力，氣球就可以在桌面上滑動，跟水陸兩用的氣墊船運用的原理相同。

50 吹不大的氣球

世界上怎麼可能有吹不大的氣球呢？不相信？來瞧瞧吧！

實驗影片QRC

▶ **器材**

氣球數個、寶特瓶、鑽子。

▶ **操作步驟**

1. 將氣球反套在寶特瓶裡頭，並向氣球吹氣（如圖1）。試試看：氣球吹的起來嗎？

圖1

2. 在靠近寶特瓶底部的邊緣處，鑽一個直徑約0.3公分的小洞（如圖2），並向氣球吹氣。觀察氣球有什麼改變？

    注意：鑽子鑽的洞口不要鑽太大，以手指能按壓的大小較佳。使用鑽子請注意安全。

圖2

▶ **給親師的話**

在進行操作時,請小朋友觀察現象及思考以下問題:
1. 當氣球吹大後(步驟2),再用手指按住洞口。嘴巴離開吹口,氣球有什麼改變?(氣球會維持充氣的狀態);然後放開洞口,氣球有什麼改變?(氣球會自動消氣)
2. 鑽洞的目的是什麼?可以利用這個小洞,讓氣球做哪些變化?(目的在操控寶特瓶的密閉狀態)

▶ **原理**

當氣球反套在瓶口時,寶特瓶裡形成密閉空間,若瓶內氣球體積增加,則瓶內的壓力會增加,所以不好吹氣。如果在瓶壁上打洞,寶特瓶不是密閉空間,就跟吹一般氣球無異,而且當吹完氣,按住小孔,氣球因壓力的關係也不會扁縮。

MEMO

51 氣球的舞動

氣球如何跳舞呢？你可以不用手就讓氣球跳舞嗎？一起動手做吧！

實驗影片QRC

▶ 器材
氣球數個、小型風扇或吹風機、迴紋針。

▶ 操作步驟
1. 將氣球吹氣，然後綁緊吹口，並在吹口上綁上迴紋針。
2. 將小型風扇或吹風機打開，將氣球放在風扇上方。（如右圖）

⚠️ **注意：** 氣球置放的位置最好在風扇的中央或吹風機的出口上方。一旦感覺吹風機或風扇的氣流已頂住氣球，即可將手放開。

3. 氣球會隨著風扇舞動喔！（如果氣球被吹走，可增加迴紋針的數量。）

▶ 給親師的話
指導小朋友進行以下操作並觀察現象：
1. 將風速調為高速時，氣球舞動的情況如何呢？
2. 移動風扇或吹風機的角度，氣球舞動會有什麼不同呢？

▶ 原理

　　早期教科書以「白努利定理」解釋物體漂浮在氣流中，不會被吹走的現象。但是近年來文獻指出應該以「康達效應」（Coanda effect）來解釋。

　　「康達效應」又稱為「附壁作用」，是指流體遇到障礙物（例如氣球），流體會沿著障礙物曲面流動的現象，並產生推往流體方向的作用力。如圖1，氣球在吹風機的氣流中央時，由於氣流平均流經氣球的兩側，產生了大小一樣的向左與向右的作用力（紅色箭頭），因此能將氣球侷限在氣流中。如果氣球偏向吹風口右邊，如圖2；由於氣球左邊的康達效應更明顯，因此向左的作用力大於向右的作用力，可以將氣球推回中央而再度保持平衡。

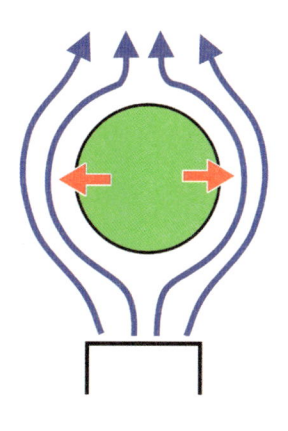

圖 1 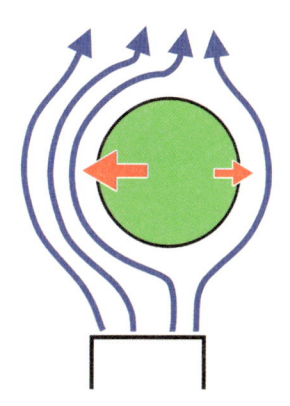　　　　　　　　　圖 2

玩出創意 120個創新科學遊戲

52 氣艇

駕著氣艇在水上遨遊，多麼的輕鬆、快樂！
讓我們用氣球和紙盒來做一艘吧！

實驗影片QRC

▶ **器材**

氣球、牛奶或飲料紙盒、剪刀。

▶ **操作步驟**

1. 將牛奶盒由上而下對半剪開（形狀如同小船）。在底部的中央剪一個小洞（如圖1）。因為牛奶紙盒的底部較硬，使用剪刀時請注意安全。
2. 將氣球的吹口部分穿過小洞，再吹氣，然後捏緊吹氣口，放入水池中。（如圖2、圖3）
3. 鬆開吹氣口，氣艇就會快速前進囉！

圖1

圖2

圖3

▶ **給親師的話**

　　利用另一半的牛奶盒,指導小朋友觀察:洞口如果改成較高的位置,氣艇的前進(例如:行進的速度、遠近)有什麼不一樣呢?

▶ **原理**

　　因為空氣由氣球的吹口快速衝出去,而產生推進的力量,讓氣艇前進。而吹口在底部的船,因為氣球的吹口在水面下,空氣流出來的速度較慢,所以可以撐得比較久,走得比較遠。反之,吹口在底部中央較高的地方的氣艇,因為氣球的空氣流出去較快,所以跑得雖然較快,但不遠。

MEMO

53 氣球上的小風車

有看過風車嗎？氣球上的風車如何轉動呢？讓我們來試試看吧！

實驗影片QRC

▶ **器材**

氣球、西卡紙、吸管、剪刀、紙、大頭針、膠帶。

▶ **操作步驟**

1. 用剪刀將西卡紙剪成一個直徑2-3公分的圓。在圓上平均向圓心剪六刀（不要剪到圓心），剪出六片葉片。（如圖1）
2. 將每片葉片三分之一朝內折，三分之一朝外折（如圖2），做成風車葉片。

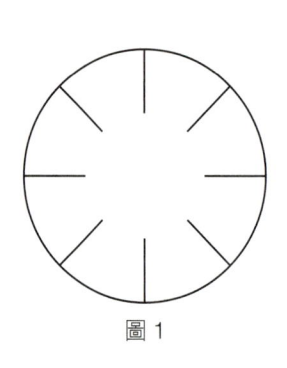

圖1

圖2

3. 將吸管剪小段，將風車用大頭針釘在吸管上。

⚠ **注意**：風車固定在吸管上時，要確定風車能輕易轉動。

4. 氣球吹滿氣後先綁緊,再將風車用膠帶固定在氣球上。用大頭針在貼膠帶處戳一個洞,使空氣漏出,讓風車轉動。(如圖3)

⚠️ **注意:** 用大頭針戳洞時,戳在風車下方,效果會較明顯。

圖3

▶ **給親師的話**

可以和小朋友比賽,看誰的風車轉動得比較久。

▶ **原理**

氣球被戳洞的地方,會有空氣流出,形成一股小氣流,推動風車轉動。

54 氣球棒棒糖

有看過用氣球做的棒棒糖嗎？讓我們一起來試試看吧！

實驗影片QRC

▶ **器材**

氣球數個、鐵絲或竹籤。

▶ **操作步驟**

1. 先將鐵絲弄直，再用砂紙在鐵絲的一端磨尖，可以讓鐵絲較好穿入氣球。
2. 將氣球充好氣，把吹口綁緊。然後將鐵絲小心的穿過氣球，成功了嗎？（如下圖）

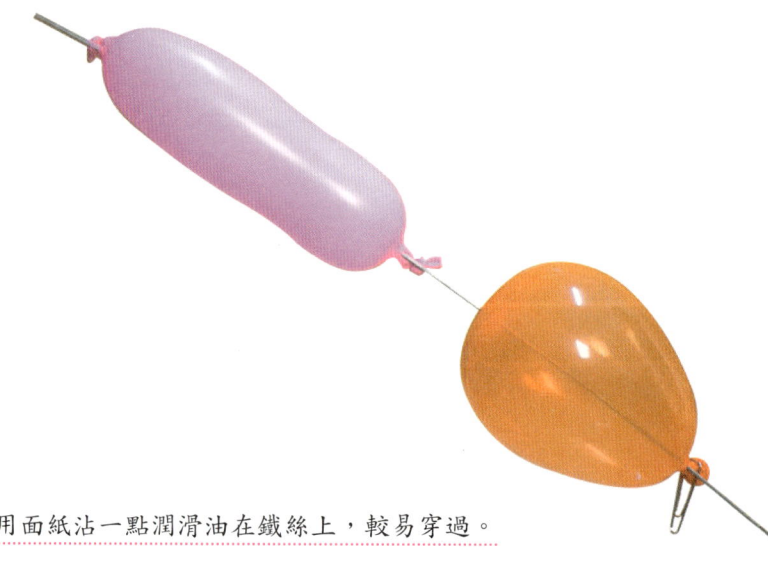

⚠ **注意**：在穿過氣球時，可用面紙沾一點潤滑油在鐵絲上，較易穿過。

▶ **給親師的話**

本遊戲可以指導小朋友進行以下操作並觀察：
1. 鐵絲從氣球的哪個方向穿透較不容易破？（鐵絲從氣球的開口與尾端穿入較不容易破，由側邊穿入則氣球較容易破。）
2. 比比看，看誰可以串最多個氣球？

▶ **原理**

仔細觀察氣球，當吹氣時，氣球側邊膨脹的程度比氣球的開口與尾端大，所以當氣球被吹脹時，氣球的側邊因為表面較薄，所以張力較大；反之，氣球的開口與尾端的張力較小，表面較厚。如果鐵絲從氣球側邊刺入，氣球一定馬上破掉；相反的，如果是從氣球的開口與尾端刺入，只要夠小心，氣球就不會破了。

MEMO

55 乒乓球的吸引力

打乒乓球很好玩，但是乒乓球有不一樣的玩法嗎？

實驗影片QRC

▶ 器材

1. 乒乓球爬瀑布：乒乓球、棉線。
2. 乒乓球的吸引力：乒乓球二個、棉線、吹風機。

▶ 操作步驟

1. 乒乓球爬瀑布

（1）在乒乓球上以膠帶黏住約15公分的棉線。

（2）打開水龍頭使水流出，以單手捏住棉線的一端，使乒乓球貼住自來水的水流。

（3）在球進入水中的同時，將棉線傾斜（約45-60度角）輕輕抽離，便可以看到乒乓球往上爬升！

2. 乒乓球的吸引力

（1）將兩個乒乓球上方貼上約15公分的棉線。

（2）兩手捏住棉線，使兩個乒乓球一樣高，乒乓球間保持一小段距離，再對著乒乓球中間吹氣。

（3）可以發現乒乓球會互相吸引，但快要接近時又會被所吹的氣排開。

（4）拉大乒乓球間的距離，用吹風機對著乒乓球之間吹，可看到兩個乒乓球往中間靠近！

▶ 給親師的話
指導小朋友用不同力道吹氣,觀察乒乓球位置的變化。

▶ 原理
水流如同空氣是一種流體,本遊戲的現象和「51.氣球的舞動」的原理相同(第111頁),是由於「康達效應」(Coanda effect)的結果。

1. 乒乓球爬瀑布
原理如右圖,水流經乒乓球時,水會沿著乒乓球的曲面流動,使乒乓球受到推往水流方向的作用力(紅色箭頭)。因此當我們拉開乒乓球時,會觀察到乒乓球被水流吸引住,不會掉下來,似乎好像會爬坡。

2. 乒乓球的吸引力
在二個乒乓球之間吹氣時,氣流在乒乓球之間流動,產生如右圖的作用力(紅色箭頭),也就是右邊的乒乓球會往左邊運動;左邊的乒乓球會往右邊運動,二個乒乓球就會互相靠近。當二個乒乓球接觸之後,沒有氣流流經乒乓球之間,作用力消失,二個乒乓球就會再分開了。

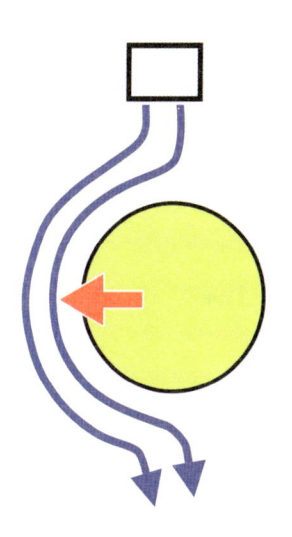

56 投籃高手

你有投過籃嗎？利用空氣也可以投籃喔！
讓我們一起來投籃吧！

實驗影片QRC

▶ **器材**

乒乓球、吹風機、空桶。

▶ **操作步驟**

1. 把吹風機打開（冷風），將乒乓球放在吹風機上方，乒乓球會漂在空中。（如圖1）
2. 將吹風機向側方慢慢傾斜，可看到乒乓球還是能停留在空中。
3. 準備一個空桶子，讓吹風機傾斜，稍微用力將乒乓球順勢推出，看能不能將乒乓球投進桶子裡。這樣就能玩投籃遊戲了。（如圖2）

圖1

圖2

4. 將吹風機的風力開到最大，可以看到乒乓球停留在更高的位子，再進行投籃遊戲，可發現投籃範圍更大了。

▶ **給親師的話**

　　陪小朋友一起練習，並提醒小朋友吹風機傾斜到什麼程度，乒乓球就會落下？並利用球達到最大傾斜角度的瞬間來進行投籃。

▶ **原理**

　　本遊戲的原理和「51.氣球的舞動」的原理相同，請參見第111頁。

MEMO

57 怪怪飛行器

你喜歡玩紙飛機嗎？讓我們做個飛行器來代替紙飛機吧！

實驗影片QRC

▶ **器材**

1. 吸管飛機：吸管、紙條。
2. 飛行陀螺：紙杯2個、棉線。

▶ **操作步驟**

1. 吸管飛機

　　（1）裁剪兩條紙帶，分別為長24公分、寬2公分，和長18公分、寬1.5公分。
　　（2）將紙帶分別摺成環狀。
　　（3）將紙環分別固定在吸管的兩端便完成了。（如圖1）
　　（4）以丟紙飛機的方式，觀察吸管飛機能不能飛得又高又遠？

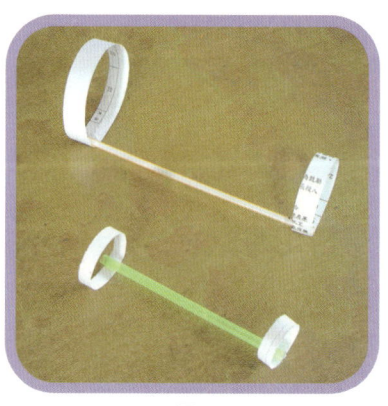

圖 1

2. 飛行陀螺

(1) 將兩個紙杯的杯底以膠帶緊緊黏在一起。

(2) 剪一段約95公分長的棉線（約可繞飛行器4圈）。

(3) 在飛行器中間處以左手大拇指壓住棉線一端，再將棉線往自己的方向繞約4圈。（如圖2）

(4) 以拇指與食指拉住纏繞端，再將陀螺高舉用力甩出，便可飛行喔！（纏繞的方向要正確，甩出時順勢即可。）（如圖3）

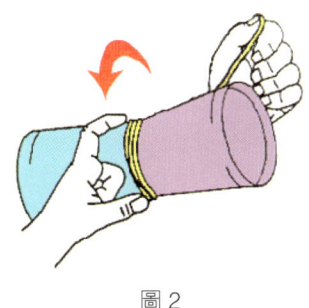

圖2

圖3

▶ 給親師的話

1. 吸管飛機

(1) 指導小朋友以大環在前，或小環在前的方式試試看，觀察飛行情形有否差異？也可觀察吸管飛機和普通的吸管在飛行時有什麼差別？

(2) 試一試改變紙環的大小、紙環的位置或吸管的大小，飛行的效果有沒有差別呢？

2. 飛行陀螺

和小朋友一起嘗試不同材質的杯子（例如塑膠杯），觀察飛行的效果有否不同？

▶ 原理

1. 吸管飛機嚴格說來並不是飛行，而是滑翔。環狀飛行翼提供了下降的阻力，增加下降所需時間；因此只要吸管飛機能保持姿態的平衡，就可以一邊前進一邊下降，看起來就像是在飛行。
2. 飛行陀螺能飛的原因是因為它在空中前進時伴隨著旋轉的因素；當杯子旋轉時，杯子下方的空氣流速比上方的空氣流速來得慢，造成杯子上方和下方的壓力差（如下圖），因此提供了飛行所需向上的力。此現象被稱為「馬格努斯效應」（Magnus effect）。

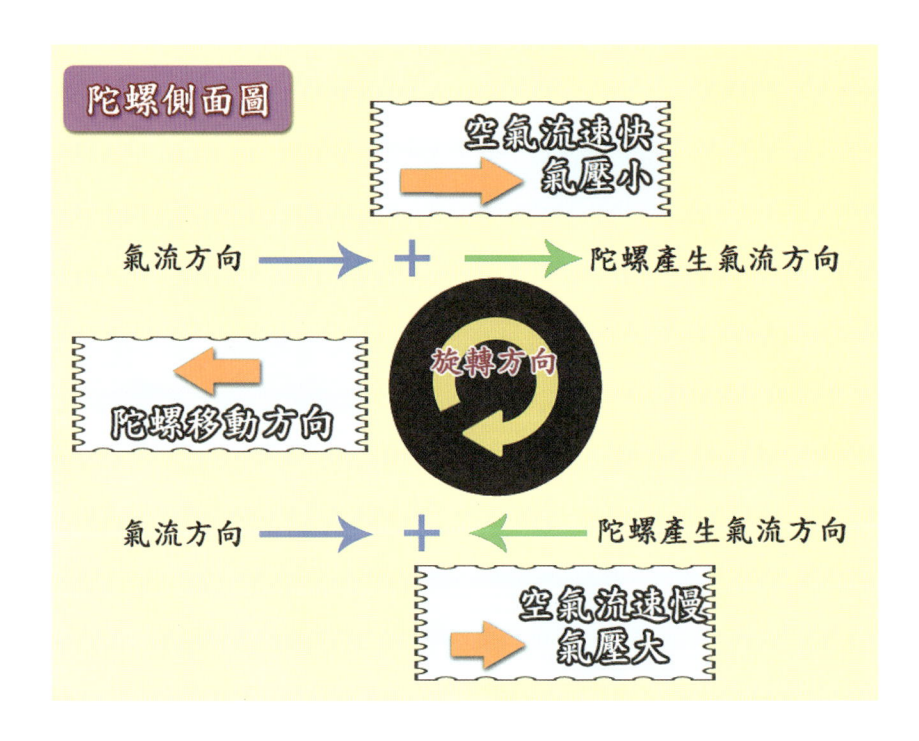

陀螺側面圖

空氣流速快 氣壓小

氣流方向 ＋ 陀螺產生氣流方向

陀螺移動方向　旋轉方向

氣流方向 ＋ 陀螺產生氣流方向

空氣流速慢 氣壓大

58 轉個不停的棉線

只要吹口氣，紙片會往不同的地方倒，棉線會不停的轉動喔！

實驗影片QRC

▶ 器材

1. 瓶子的草裙舞：瓶子、吸管、紙條。
2. 轉個不停的棉線：吸管、棉線。

▶ 操作步驟

1. 瓶子的草裙舞

（1）先將瓶子豎立在桌上，把瓶子和桌子的接觸面看成時鐘的面，在每個鐘點的位置各放一張紙條（折成L型），離瓶子約2公分。（折成L型紙條的底部不要太長，這樣在吹氣時比較容易倒下。）

（2）用吸管對著瓶子六點鐘的方向吹氣，注意觀察紙條倒下或移動的方向都一樣嗎？（用吸管對著杯子吹氣時，儘量靠近杯子，效果會比較好。）

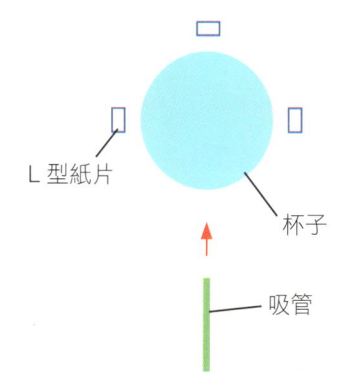

L型紙片　杯子　吸管

2. 轉個不停的棉線

（1）將吸管剪成長短兩段（短的約6公分）。
（2）將短吸管的中間部分剪開一個洞，讓長吸管剛好可以插入（縫隙可用膠帶黏住）。
（3）將棉線穿過短的吸管，穿過後把棉線綁起來便完成了。
（4）由長吸管稍微用力吹氣，可看到棉線會開始轉動（棉線若不會動，可以用手稍微撥動一下棉線）。可用不同顏色的棉線接在一起（或是塗上不同顏色），可以更清楚的看到棉線的轉動。
（5）試驗一下，如何讓棉線能夠順時鐘轉動，也能逆時鐘轉動？

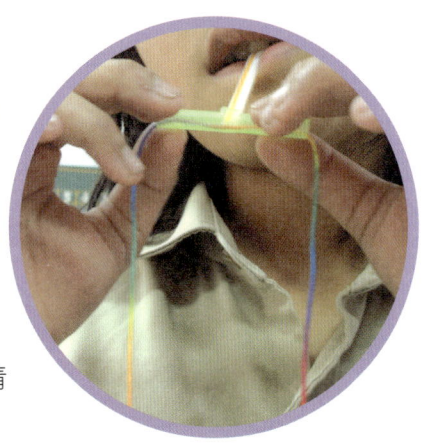

▶ 給親師的話

1. 瓶子的草裙舞
　　在吹氣之前，讓小朋友先猜一猜紙片會發生什麼變化，全部或部分倒下？倒下的方向都一樣嗎？讓小朋友預測之後，再觀察結果有何差別？原因是什麼？

2. 轉個不停的棉線
　　完成讓棉線轉個不停的操作後，指導小朋友轉動吸管（旋轉角度，不是高低的角度），例如：短吸管左右傾斜45度後，棉線還能轉動嗎？

▶ 原理

1. 瓶子的草裙舞

　　從瓶子前吹氣時，流動的空氣受到瓶子的阻礙，會沿著彎曲的表面流動，而在瓶後會合，將豎立在瓶後的紙條吹倒。另一方面，沿著瓶子彎曲面的氣流快，壓力比較低，周圍的空氣反而會將紙條推向瓶子。

2. 轉個不停的棉線

　　由長吸管吹氣時，空氣在短吸管中迅速移動，氣壓下降，造成空氣的流動，因而帶動棉線，空氣不斷的通過，棉線也就不斷的旋轉。

MEMO

59 轉動圓盤

如何做出會在固定軌道上旋轉並上下漂浮的圓盤呢？

實驗影片QRC

▶ 器材

寶特瓶、保麗龍、竹筷子或吸管、細鐵絲、鐵釘、線香。

▶ 操作步驟

1. 首先將2個寶特瓶切除瓶口及瓶底，用膠帶連接起來即完成漂浮軌道。
2. 將厚度2.5公分、直徑約6公分的保麗龍（或泡棉）裁剪成可平放進寶特瓶的圓盤形狀。
3. 利用線香在圓盤的四周挖四個斜向的洞（如圖1，目的是讓空氣通過時造成旋轉的效果）。再將小鐵釘插入洞與洞之間，以鐵釘的重量增加圓盤穩定性。
4. 用竹筷或吸管穿過圓盤的圓心，在竹筷的下方綁上適當的鐵絲以增加重量。（如圖2）

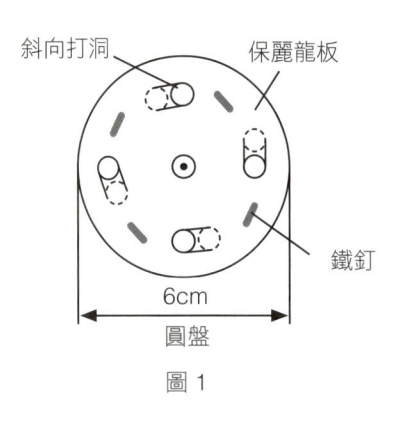

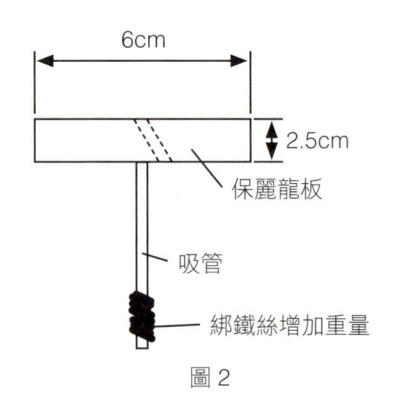

圖1

圖2

5. 將圓盤放進漂浮軌道，吹風機開到冷風的位子，由漂浮軌道下方送氣，圓盤就會在漂浮軌道之間上下不停的轉動（如圖3）。若圓盤太輕則增加鐵絲，反之則減少鐵絲。

▶ 給親師的話

　　使用線香燒灼保麗龍時，請留意用火安全。在完成圓盤後，可指導小朋友試驗、調整鐵絲的重量。並提醒小朋友注意觀察，圓盤在高、低不同位子的轉動速度有否差別？

▶ 原理

　　圓盤上有斜向的孔，在空氣流動時會有推力，造成與風車同樣的旋轉現象。而旋轉能穩定圓盤（減少傾斜），圓盤就可以穩定的浮在空中。

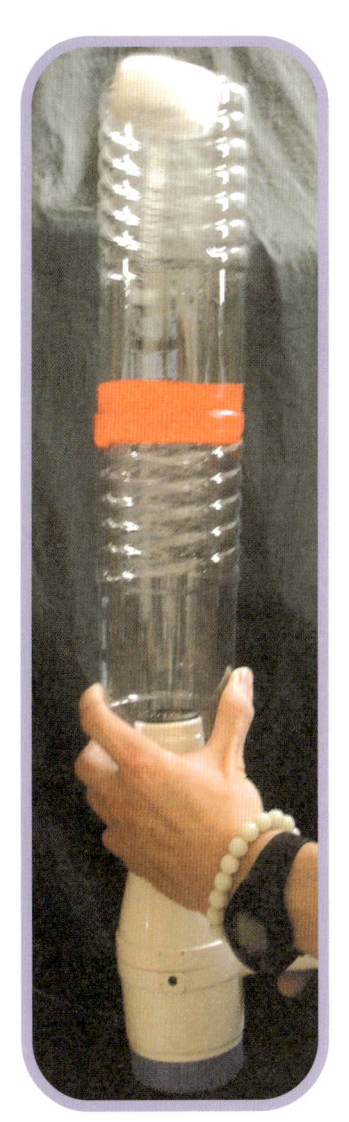

圖 3

60 空氣水槍

想玩水槍又不想花錢嗎？讓我們利用大氣來做個空氣水槍吧！

▶ 器材

一個有蓋子（塑膠）的瓶子、吸管兩根。

▶ 操作步驟

1. 如圖，在塑膠瓶瓶蓋上打兩個小洞，各塞進一根可彎吸管，其中一根只塞入一小段（①）。（洞口不能太大，剛好讓吸管通過即可，若洞太大有縫隙，可以用紙黏土將縫隙填滿。）
2. 另一個小洞塞入較長的吸管，使它蓋上蓋子時接近瓶底（②）（如右圖）。
3. 再將瓶中裝入冷開水（約八分滿），鎖好瓶蓋。
4. 從吸管①吹氣，吸管②會噴出水來。
5. 從吸管②吹氣，瓶中的水會不斷的冒泡。
6. 用手指將吸管①壓住，從吸管②吹氣，剛開始有氣泡冒出來，後來就越難吹出氣泡了。此時嘴巴一離開吸管②，水就從吸管②噴出。

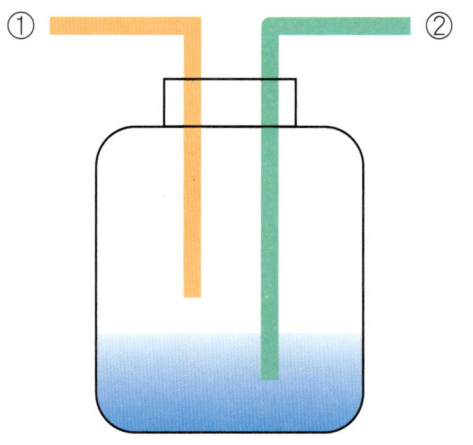

▶ **給親師的話**

　　給孩子挑戰——怎麼做可以讓水噴得更遠呢？

▶ **原理**

1. 從吸管①吸氣時會使瓶中的空氣減少，壓力也減少，空氣就會從吸管②進入，因而會有氣泡產生。如果從吸管①吹氣，則瓶內的空氣增加，壓力也增加，就把水由吸管②壓出去。
2. 若吸管①開口被堵住，由吸管②吹進的氣體，使得瓶內的空氣壓力增加，一放開吸管①，空氣壓力就會將一部分水壓出去。平常在喝鋁箔包飲料時，如果對著鋁箔包吹氣，迅速放開後，鋁箔包裡的飲料會自動流出來的道理是一樣的。

MEMO

61 空氣槍

記得小時候的童玩嗎？竹槍、空氣槍……；
讓我們一起重溫童玩的樂趣！

實驗影片QRC

▶ 器材

吸管一支、竹筷子一支（剛好可以穿過吸管，感覺緊緊的）、衛生紙。

▶ 操作步驟

1. 選取一支竹筷與吸管，吸管與竹筷需要能緊密接合，將竹筷子插入吸管，來回抽拉，如果過度寬鬆，可塗上一點凡士林（奶油也可以）。
2. 將衛生紙沾濕，再撕一小塊當子彈塞入吸管前方。（如圖1）

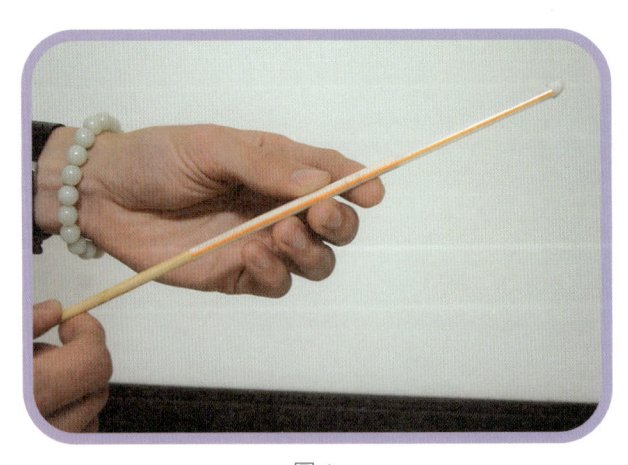

圖1

3. 將竹筷插入吸管,再用力將竹筷推入吸管,即可以將子彈射出。
4. 可自行製作箭靶,就可以進行射擊比賽了。(如圖2)

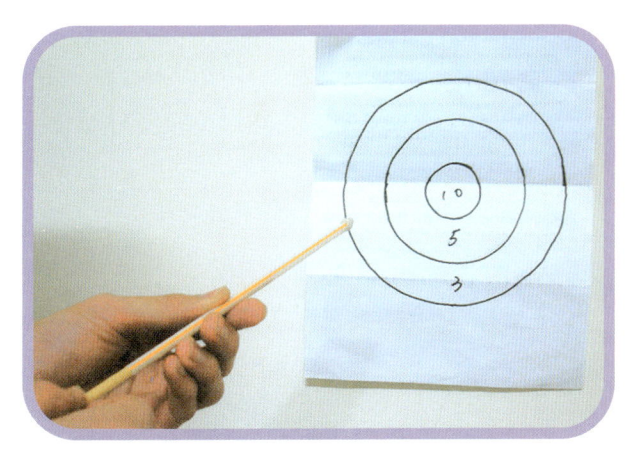

圖2

▶ **給親師的話**

1. 玩空氣槍時,記得提醒孩子子彈不能對著人發射喔!
2. 可以用橘子皮代替濕的衛生紙,效果會更好。

▶ **原理**

　　由於密封的吸管在壓縮時,空氣壓力會迅速增加,這股壓力使得子彈能發射出去。

62 空氣砲彈

你能距離蠟燭一公尺遠吹熄燭火嗎？

實驗影片QRC

▶ 器材
寶特瓶、氣球、蠟燭、膠帶、剪刀、美工刀。

▶ 操作步驟
1. 在寶特瓶瓶底約5公分畫一個平整的圓周。用剪刀沿著記號剪下（小心使用剪刀）。
2. 將寶特瓶缺口用砂紙磨平，避免刺手。
3. 把氣球頭部打結，並將氣球底部剪掉約三分之一（如圖1）。再將氣球套在寶特瓶瓶底的缺口上（氣球頭部朝外），用膠帶將氣球黏貼固定（如圖2）。

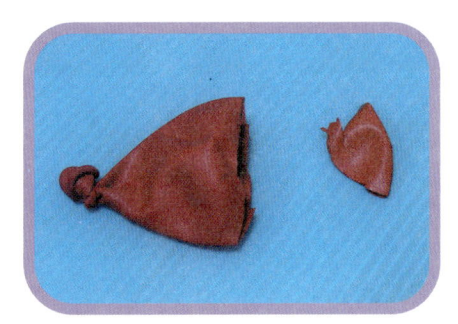

圖1

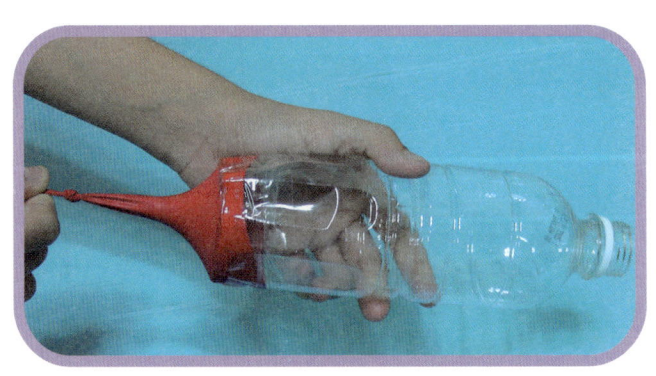

圖2

4. 點燃蠟燭，在距離一公尺處，試試看以做好的寶特瓶，拉扯氣球，對準蠟燭發射空氣砲彈，燭火會被吹熄嗎？

▶ **給親師的話**

　　點燃蠟燭後，建議先讓小朋友在距離一公尺處，試試能不能吹熄燭火？以提高驚奇效果。而發射空氣砲彈時，可以同時擺放多支蠟燭，比賽誰吹熄的蠟燭最多、最遠？

　　如果不能吹熄燭火，經常是沒有對準蠟燭，而且常有瞄準太高的現象，可協助小朋友瞄準，只要瞄得準，距離二公尺也可能吹熄燭火喔！

▶ **原理**

　　寶特瓶中的空氣受到擠壓，通過小瓶口時，瓶口中心的空氣流速比周圍空氣流速快，造成快速旋轉而成為煙圈狀（如圖3）。由於空氣保持在煙圈中，沒有四處散開，因此，可以前進很長的距離。

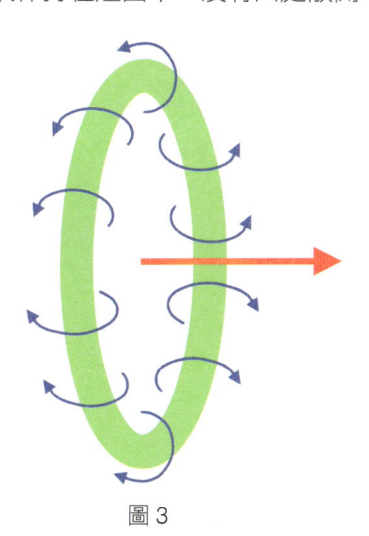

圖3

玩出創意 120個創新科學遊戲

63 手壓式風車

利用鋁箔包和寶特瓶做一個可以當風車，又可以當水車的玩具喔！

實驗影片QRC

▶ **器材**

　　寶特瓶、鋁箔包飲料盒、吸管、鐵絲、美工刀、直尺、鑽孔器。

▶ **操作步驟**

1. 將鋁箔包空盒，剪出兩塊長8公分、寬4公分的長方形。
2. 在二塊長方形的長邊中央剪2公分長的缺口，再將此二塊長方形由裁剪處交叉組合在一起，成為一個十字形的風車。（如圖1）
3. 剪一段長約4公分的吸管，黏在風車上，當作車軸。（如圖2）

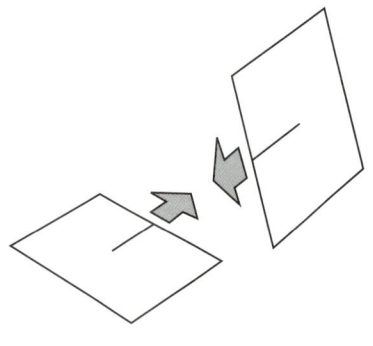

圖1　　　　　　　　　　圖2

4. 將鐵絲穿過吸管,並彎成U形的支架,就完成了一個簡易的風(水)車。用嘴吹吹看,檢查是否可以轉動。
5. 將寶特瓶蓋鑽一個約0.5公分直徑的洞。
6. 調整風車上另一端鐵絲的長度,將鐵絲彎曲纏繞在寶特瓶瓶口,注意風車不能碰到瓶口。(如圖3)
7. 手握寶特瓶,將瓶子一壓一放,空氣由瓶蓋的洞噴出,風車就不停的轉動起來。
8. 如果在寶特瓶內裝滿水,水由洞口噴出,推動葉片轉動,就變成水車。

▶ **給親師的話**

要讓風車順利轉動,主要在於調整鐵絲的形狀和位置,使鐵絲不會妨礙到風車的轉動;另外也要注意風車是否有正對寶特瓶的洞口。

在完成手壓式風(水)車後,可以指導小朋友挑戰以下任務:
1. 試試看,10秒鐘之內,誰可以讓風車轉最多圈?
2. 把寶特瓶裝滿水,不要蓋瓶蓋,然後把寶特瓶倒過來,水往下落的時候會帶動水車轉動,看看誰能讓水車轉得最久?

圖3

▶ **原理**

手擠壓寶特瓶時,會壓縮寶特瓶內的空氣,使空氣往瓶口衝出,因此吹動瓶口的風車,使風車轉動,而不停的一壓一放,就可以使風車連續轉動。

如果將寶特瓶內裝滿水,當倒置寶特瓶讓水落下時,落下的水推動葉片使它轉動,此時水由高處落到低處產生的位能差,就會轉換成使水車轉動的動能。

64 飛行高手

有翅膀才會飛嗎？我們可以用寶特瓶，製作一個沒有翅膀的飛行高手喔！

實驗影片QRC

▶ **器材**

寶特瓶（數個）、膠帶、美工刀、直尺。

▶ **操作步驟**

1. 用美工刀裁切寶特瓶，把瓶口和底部去掉，取中間一段（長約7-8公分）。
2. 用膠帶沿著一端邊緣纏繞約5-10圈，增加重量。纏繞時注意不要歪斜，也不要纏繞太緊，以免寶特瓶變形。（如圖1）
3. 找個空曠的地方（如公園、操場）丟擲。丟擲時需要些小技巧，將纏繞膠帶的一端朝前，往前丟時手腕要稍微旋轉一下，像丟橄欖球的方式邊旋轉邊向前推出（如圖2），那麼寶特瓶環就可以飛很遠。但如果以丟棒球的方式只是往前丟，則會飛不遠，多練習幾次就會成功。

圖1　　　　　圖2

▶ 給親師的話

　　寶特瓶環的長度大約在3-10公分的長度範圍內都可以飛行，但隨著寶特瓶的大小不同就會有差異。以容量600毫升大小的寶特瓶為例，長度大約3-6公分時飛得最遠。

　　當小朋友製作完成會飛的寶特瓶瓶環後，可以指導小朋友挑戰下面的任務：

1. 試試看，誰可以丟得最遠？
2. 改變寶特瓶的長度，找出飛行最遠時寶特瓶的長度是多少？可以由10公分的長度開始逐漸縮短，記錄寶特瓶環飛行的距離。
3. 蒐集不同形狀或不同大小的寶特瓶，分別裁切出5公分的長度，試試看哪一種形狀與大小可以飛得最遠？

▶ 原理

　　寶特瓶能飛行的主要關鍵在於克服空氣的阻力。如何讓較輕的寶特瓶環在克服空氣阻力的情況下安定的飛行，決定了飛行的距離。因此，要在前端增加重量，再加上旋轉的因素，就使飛行方向穩定。當寶特瓶環長度太短時，可能因為重量太輕而不易穩定；但寶特瓶環如果長度太長，卻又因為末端容易受到空氣的干擾，也無法很順利的飛行。因此，寶特瓶環的長度、形狀、大小不同，它的飛行距離和方向也會有所不同。

65 紙蜻蜓

竹蜻蜓大家都玩過，但是你玩過紙蜻蜓嗎？

實驗影片QRC

▶ 器材

圖畫紙、剪刀。

▶ 操作步驟

紙蜻蜓的設計有很多種，以下有二種作法，請依照圖形的步驟做做看。玩「紙蜻蜓」時請注意不可以往上拋，而是要垂直自由放下（可以由高樓層釋放）。

1. 用長紙條做出能快速旋轉的紙蜻蜓。
2. 如圖2，在步驟2三張紙條互相貫穿後，再由尾部拉緊，完成後成為上翹的三尾狀，特色是落地後還會在原地短時間旋轉。

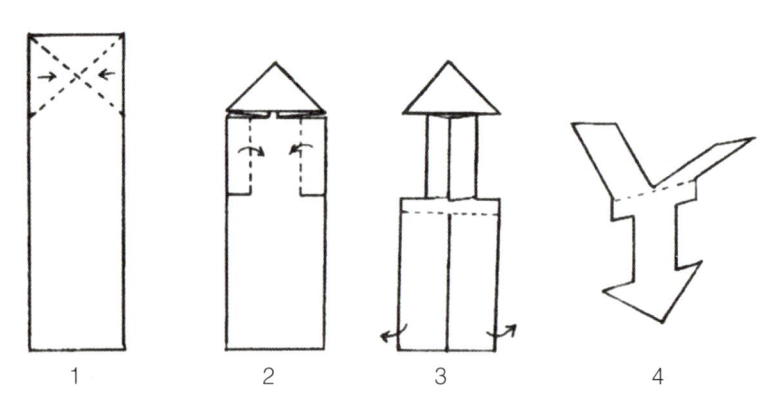

圖1　紙蜻蜓（一）

第 3 篇　空氣的科學遊戲

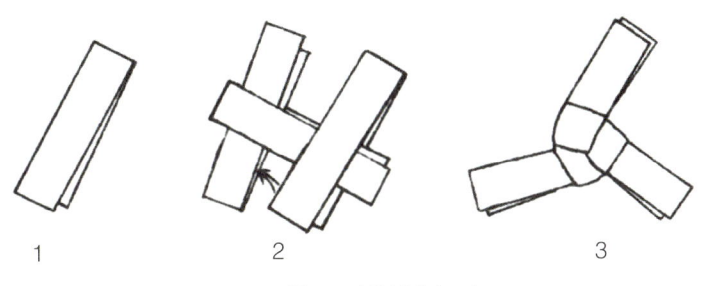

　　　　1　　　　　　2　　　　　　3

圖2　紙蜻蜓（二）

▶ **給親師的話**

　　可以旋轉的紙蜻蜓還有其他的製作方法，以上提供的是其中二種，國小的課程也有類似的設計，有興趣的讀者可以再參考國小課本。

▶ **原理**

　　紙蜻蜓（一）在下降過程中，空氣阻力給予紙片的作用力如下圖的紅色箭頭（垂直於紙片翅膀）。此作用力的分力分別為藍色、綠色箭頭。藍色箭頭的分力為垂直朝上，能使紙蜻蜓下降變慢。而綠色箭頭的分力，為水平方向，在翅膀左右兩邊為相對（相反），造成紙蜻蜓的旋轉運動（以綠色點為旋轉中心）。紙蜻蜓（二）也是相同的原理，只是翅膀有三片。

　　請留意紙蜻蜓的翅膀必須成為Y形，如果翅膀摺為T形，則紅色箭頭的作用力與藍色箭頭重疊，就沒有綠色箭頭的分力了，因此無法旋轉。同理可推知翅膀為45度時，綠色箭頭的分力最大，旋轉速度會最快。

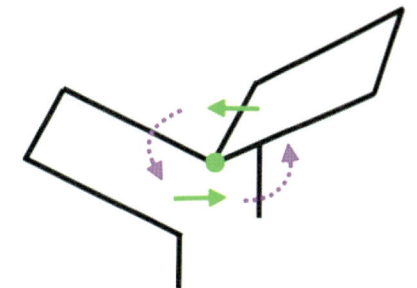

玩出創意 120個創新科學遊戲

66 酷炫紙飛機
怎麼摺出又酷又會飛的紙飛機呢？

實驗影片QRC

▶ **器材**

A4影印紙、剪刀。

▶ **操作步驟**

紙飛機的摺法有很多種，以下二種紙飛機的飛行效果相當好喔！用A4影印紙，照著圖形就可以摺出酷炫的紙飛機了。

紙飛機（一）

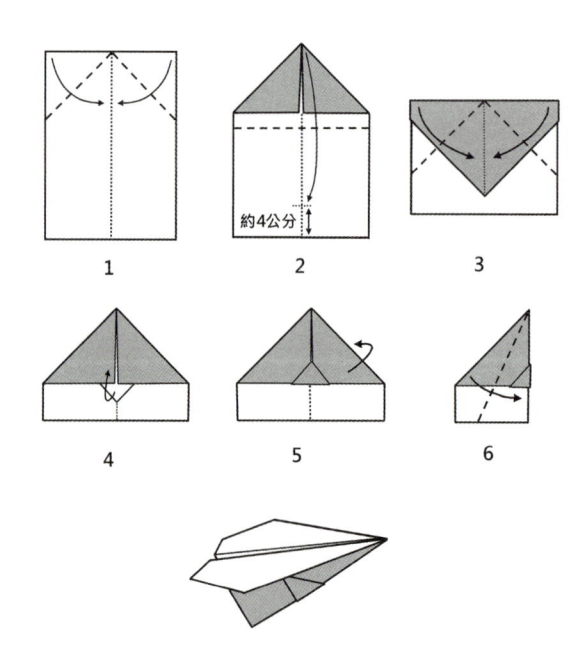

紙飛機（二）

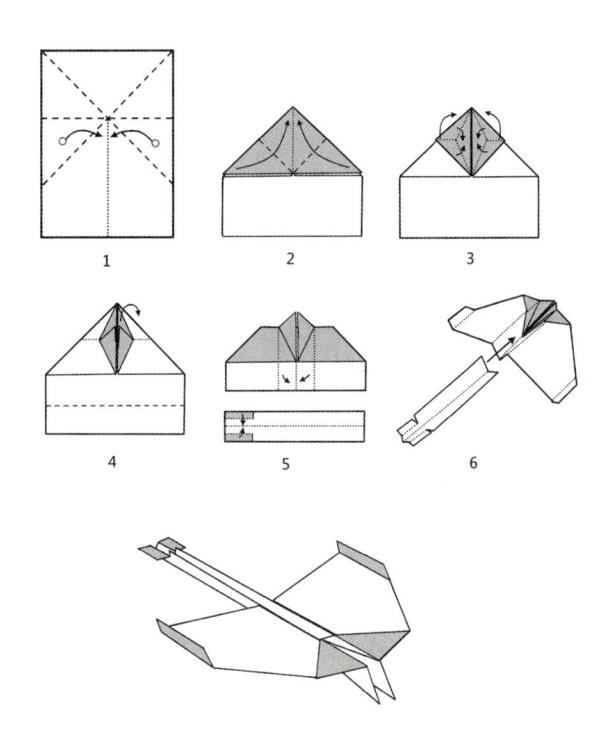

▶ 給親師的話

1. 紙飛機要飛行得好，最重要的是平衡，摺的時候要仔細保持兩側（尤其是機翼）良好的對稱，因此請叮嚀小朋友要有耐心，不要急躁。
2. 如果沒有影印紙，避免使用太輕的紙張（例如報紙），因為紙飛機太輕，不容易保持穩定（如同重物比較穩定，不容易翻倒的道理）。
3. 紙飛機的摺法可以說無窮無盡，如果對其他摺法還有興趣，可以上網搜尋，用「紙飛機」或「paper airplane」當關鍵字，就可以找到很多了。而本書編輯試過的幾種紙飛機，就屬以上兩種

的效果最好。紙飛機（一）甚至可以保持直線的飛行，而紙飛機（二）的特色是丟擲出去後，有時還會翻轉過來飛呢！
4. 玩紙飛機的時候，可以比賽飛得遠，或是飛得久。也可以讓小朋友自己蒐集各種摺法，再自己動腦筋，設計創意造型。
5. 自行設計紙飛機時，除了對稱平衡之外，飛機的重心儘量保持在中央略靠近頭部的地方，飛行效果會比較好。測量紙飛機的重心，可以將紙飛機懸空放在食指與中指，移動紙飛機直到能夠平衡，這時手指的位置就是紙飛機的重心位置。

▶ **原理**

　　紙飛機本身沒有動力，主要是靠機翼提供了空氣阻力，而減緩下降速度。因此只要保持平衡，就可以一邊前進，一邊緩緩下降，此現象就稱為「滑翔」。而紙飛機的機翼經常要稍微朝上，是因為可以增加左右偏動的阻力，提高側面的穩定性，進而減少紙飛機的偏轉。

MEMO

第四篇

聲音的科學遊戲

67 公雞咯咯啼

牙線是用來剔牙的，怎樣用來發出公雞咯、咯……的啼叫聲呢？

實驗影片QRC

▶ 器材
紙杯一個、迴紋針一個、牙線約30公分、洗碗海綿一個、蠟燭一根。

▶ 操作步驟
1. 將牙線在蠟燭上來回摩擦，使牙線表面沾有蠟質。
2. 將紙杯底部打一個小洞，洞的大小使牙線能夠穿過去即可。
3. 將紙杯底端的牙線綁上迴紋針，使其卡在杯子底部外側。（如圖1）

圖1

4. 拉緊牙線,並將海綿稍微沾濕,用海綿壓住杯口處的牙線,迅速而短促的往自己的方向拉動(如圖2),即可發出像公雞「咯、咯」般的聲音。

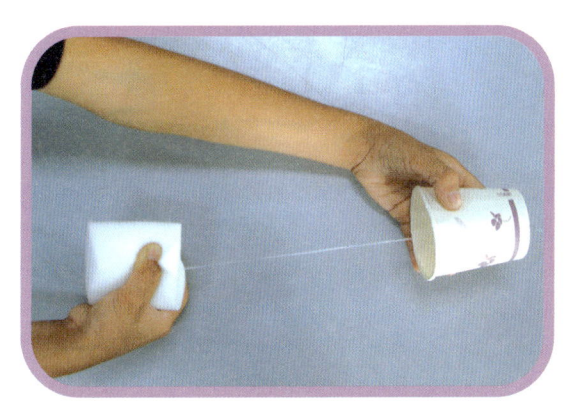

圖2

▶ 給親師的話

當小朋友完成以上操作後,可指導小朋友繼續進行以下探索:
1. 使用大紙杯,比較看看與小紙杯發出的聲音有不一樣嗎?(大紙杯的聲音較低沉,小紙杯的聲音較高昂。)
2. 試著使用養樂多罐子、鐵罐、鋁罐、塑膠免洗杯、寶特瓶……不同材質的容器,聽聽看哪一種容器發出的聲音會最大聲呢?(綁在紙杯上的牙線發出的聲音最大聲。)

▶ 原理

上了蠟的牙線,就如同上了松香的小提琴馬尾弓,都是為了要增加摩擦力。當濕海綿與牙線摩擦的振動沿著牙線傳到紙杯內時,振動會在紙杯內來回的反射產生增強的效果,這種現象就稱為「共鳴」。在本遊戲中,紙杯的作用就如同小提琴或吉他的音箱,能產生「共鳴」的效果。

67 自以為是鐘的湯匙

一根小小的湯匙，居然可以發出響亮的鐘聲，想聽聽看嗎？

實驗影片QRC

▶ 器材

棉線約60公分、不鏽鋼小湯匙與大湯杓各一支（不要用有塑膠或木頭握柄的）。

▶ 操作步驟

1. 拿兩根小湯匙敲敲看，聽聽看湯匙在空氣中撞擊的聲音。
2. 在棉線中央綁一個簡單的結，再把繩結套在小湯匙的握柄，用力將棉線拉緊，以免小湯匙掉落。（若小湯匙的握柄沒有彎鉤，可使用老虎鉗將握柄末端彎曲成鉤子狀。）
3. 把繩子的兩端，分別纏繞在雙手的食指上，並搗住耳朵（不要把繩子放入耳內，如下圖）。
4. 輕輕搖晃繩子，讓小湯匙打到桌子。或者也可以請別人拿另一根湯匙輕敲小湯匙。注意聆聽，比較看看與步驟1的聲音有不一樣嗎？

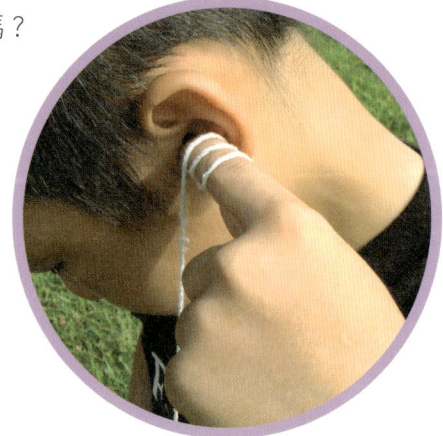

▶ **給親師的話**

　　當小朋友體會出步驟1與步驟4這兩種聲音的不同後，可以指導小朋友進行以下操作：用大湯杓取代小湯匙，重複上述步驟，仔細聆聽耳朵內的聲音。比較看看，大湯杓與小湯匙發出的聲音有何不一樣？

▶ **原理**

　　聲波必須靠介質來傳遞，不同材質的介質傳遞聲波的效果不同。使用棉線傳導聲波的效果不但比空氣好，還能把聲音直接傳到耳朵，形成鐘聲般低沉的聲音。當使用小湯匙做實驗時，因為振動體較輕，振動的速度較快，所以發出的聲音較高；而使用大湯杓時，因為振動體較重，振動的速度較慢，所以發出的聲音就比較低沉。

MEMO

69 風的聲音

用力旋轉末端掛著迴紋針的線，就可以聽到呼嘯狂野的風聲喔！

實驗影片QRC

▶ 器材

棉線（約雙手張開伸直的長度）、迴紋針15根。

▶ 操作步驟

1. 將6根迴紋針兩兩串在一起，共三組，掛在棉線的末端小圈圈裡。（如下圖）
2. 到空曠的場地，緊握棉線的另一端，用力旋轉，聽聽看，發生什麼事？

⚠ **注意**：避免周圍有人或是會干擾旋轉的物品，以免迴紋針傷人或撞到物品後反彈而傷到自己。

▶ **給親師的話**

當小朋友成功甩出聲音後,可以指導小朋友進行以下操作:
1. 在每組的迴紋針後端,各添加3個迴紋針,再進行同樣的操作。請小朋友聽聽看發出的聲音有不一樣嗎?(迴紋針越多,發出的聲音就越大聲。)
2. 比較一下,旋轉快慢所發出的聲音有不一樣嗎?(繩子轉速越快,聲音就越大聲。)

▶ **原理**

高速旋轉掛著迴紋針的棉線時,迴紋針會使空氣產生擾動漩渦而發出聲音。當迴紋針數量越多時,會產生較多的擾動漩渦,聲音也越大聲;當增加轉動速度時,也會產生更大的聲音。

MEMO

玩出創意 120個創新科學遊戲

70 彈回來的聲音

距離越長，就越不容易聽得到聲音嗎？那可不一定！

實驗影片QRC

▶ 器材

紙筒2個（可用保鮮膜的軸心紙筒或是把海報捲起來）、有滴答聲的鬧鐘一個、書一本。

▶ 操作步驟

1. 將2支紙筒排成「＜」字形，鬧鐘放在紙筒一端的開口，耳朵靠在另一個紙筒的開口（如圖1）。試看看是否可以聽到鬧鐘的滴答聲？
2. 在兩個紙筒靠在一起的那端立起一本書（如圖2），再試看看，是否可以聽到鬧鐘的滴答聲？

圖1

圖2

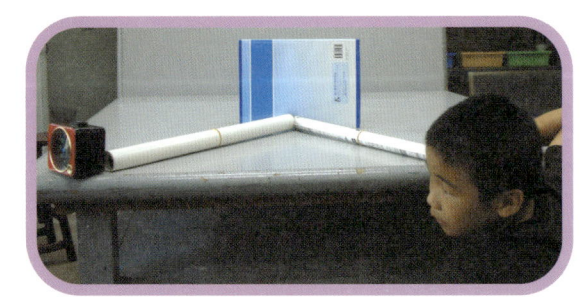

▶ **給親師的話**

1. 請儘量在沒有噪音的環境中進行本遊戲。
2. 若是鬧鐘的滴答聲太大聲，不需使用紙筒就能夠聽得十分清楚的話，請將鬧鐘換成小型的鬧鐘或者手錶，以更彰顯紙筒有集中聲音的功能。

▶ **原理**

　　聲音是以波的形式在空氣中向四面八方傳遞，很容易逸散消失，紙筒可以讓聲波集中在紙筒裡傳遞，因此可以讓我們聽到較長距離的滴答聲。

　　當兩支紙筒排成「く」字形時，若沒有在開口處立書本，聲波傳入第一個紙筒後，就會從開口處傳出去，往四面八方散開，因此我們聽不到滴答聲。若是立了一本書，就可把從第一個紙筒傳來的滴答聲反彈進入第二個紙筒內，因此我們就可以聽到滴答聲了。

MEMO

玩出創意 120個創新科學遊戲

71 吸管笛

一支吸管就能夠發出響亮的笛聲。

實驗影片QRC

▶ **器材**

粗細不同的吸管各一支、剪刀。

▶ **操作步驟**

1. 將吸管一端先壓扁，並剪成尖狀（約1公分）。（如圖1）

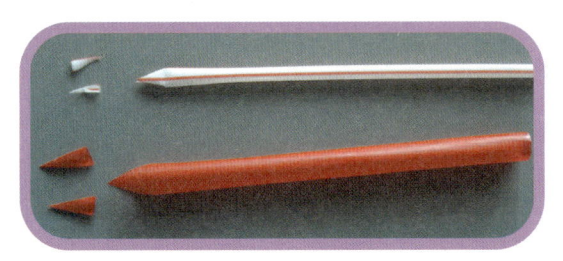

圖1

2. 用嘴唇輕輕含住尖端處，用力吹氣，即可發出響亮的聲音。
3. 在吸管上挖幾個小洞（如圖2），再試試看，有的洞按住，有些洞放開，聲音是否有高低音的變化呢？

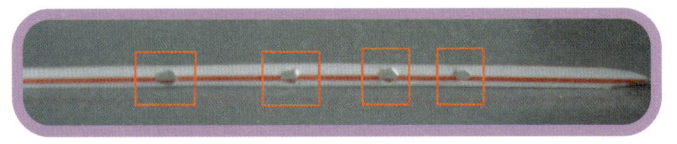

圖2

▶ 給親師的話

　　一開始小朋友可能吹不出聲音，請注意要用嘴唇將吸管尖端輕輕含住即可，讓兩片類似簧片的尖狀物，能夠在嘴巴內快速振動，不要太用力咬緊2片尖狀簧片。

　　當小朋友成功吹奏出聲音後，可以再使用粗、細不同的吸管吹吹看，觀察聲音有何差別，哪一支比較低沉？哪一支比較高昂？

▶ 原理

　　吸管前端的兩片尖簧片，就像是樂器的簧片一樣。當吹氣時，簧片會快速振動，與吸管內的空氣柱產生共鳴而發出聲音。而控制空氣柱的長短，就能發出高低不同音調的聲音，當空氣柱越長、越粗，發出的音調就會越低；當空氣柱越短、越細，發出的音調就會越高。

MEMO

72 伸縮喇叭

利用一個小空罐,就能夠享受吹奏伸縮喇叭的樂趣喔!

實驗影片QRC

▶ 器材

易開罐空罐子(大、小各一個)、吸管、透明膠帶、開罐器。

▶ 操作步驟

1. 取小型易開罐空罐子一個,清洗乾淨。
2. 將吸管剪下約7公分長度,將吸管放置在易開罐小孔的邊緣,再吹吹看,嘗試各種角度,找出最容易發出聲音的位置。確定吸管的位置之後,用膠帶將吸管貼好固定。
3. 用開罐器或其他工具將小的易開罐另一端底部平整的切除(小心不要割到手)。
4. 在大型易開罐中裝水(水的高度要比易開罐略低)(如圖1),再將製作好的小易開罐放入大型

圖1

易開罐中,再吹吹看。吹出聲音時,同時上下移動小易開罐,可以發現如同伸縮喇叭般音調改變了。(如圖2)
5. 試試看,能不能吹出一首曲子呢?

▶ **給親師的話**

　　因為切除的易開罐相當尖銳,在切除易開罐的底部時,請務必協助小朋友,以策安全。如果小朋友吹不出聲音,請注意吸管是否鬆脫,或是調整吸管的位置與角度。

▶ **原理**

　　本遊戲利用上下移動小空罐,調整罐內的空氣體積,使得小空罐內的空氣柱發生長、短的變化。當小空罐往上拉,罐內的空氣柱變長,發出的音調就會變低;當小空罐往下壓,罐內的空氣柱變短,發出的音調就會變高。

圖2

73 玻璃音樂

玻璃杯可以發出美妙動人的音樂喔！想不想玩呢？

實驗影片QRC

▶ **器材**

高腳杯（玻璃杯）數個、調音器。

▶ **操作步驟**

1. 取一個高腳杯（玻璃杯），將手指頭沾濕以後，在高腳杯杯口邊緣摩擦（可以握住杯子底座，不可以握住杯口），看能不能發出聲音？

   ⚠️ **注意**：手指頭沾水可多不可少，而摩擦杯口時，以同一方向（順時鐘或逆時鐘皆可）摩擦，稍微用力摩擦。（如圖1）

2. 試一試不同大小的高腳杯，仔細聽一聽發出的聲音高低有何不同？（杯子越大，聲音越低）
3. 在同一個高腳杯加水，仔細聽一聽不同的水位高低，發出的聲音有何不同？（水加得越多，聲音越低。）

圖 1

4. 利用不同大小的高腳杯以及加水多寡（如圖2），用調音器調出不同音階的杯子，就可以當成樂器「摸」出一首曲子喔！

圖2

▶ 給親師的話

　　如果發不出聲音，經常是因為手沾的水不夠，或是摩擦得太輕，多練習幾次一定可以成功。而加水太滿時，聲音的大小（響度）容易變小，因此需要調較低的音時，選用大（重）一點的杯子會更好。另一方面，如果杯子質量相近（音高會接近），則杯子本身越寬大，響度會越好。

　　指導小朋友時，可以讓小朋友想一想杯子的大小、加水的多寡和聲音的高低有何關係？也可以讓小朋友利用調音器，控制加水的量，調出恰當的音高。

▶ 原理

　　手指頭在杯口摩擦時，能夠讓杯子產生振動（這種振動能夠由杯子裡的水產生波動觀察出來），進而讓空氣振動而產生聲音。而杯子的質量越大，振動會越慢，因此杯子越大或是加了水，聲音都會變低。

74 紙砲

如何讓一張薄薄的紙發出像大砲一樣的聲響呢？

實驗影片QRC

▶ **器材**

影印紙或圖畫紙、剪刀。

▶ **操作步驟**

1. **單發砲**

依照圖1與下列步驟，折出單發的紙砲：

（1）把長方形的紙張較長的一邊對折後打開。（圖①）

（2）將四個角沿著步驟1所折出的中線往內折，形成二個梯形的六角形。（圖②）

（3）將六角形的紙張向內折對齊，外觀是一個梯形。（圖③）

（4）把左右兩邊的角沿著中線往下折。（圖④）

（5）再把紙往後折，外觀形成一個三角形（圖⑤），紙砲就完成了。

（6）抓緊紙砲的兩個尖角部分（圖⑥），用力往下甩，紙張就突出而發出很大的聲響。

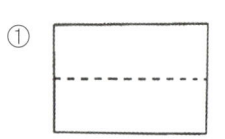

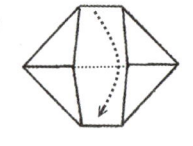

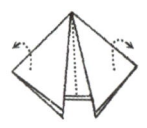

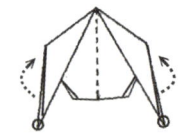

圖1

2. 雙發砲

依照圖2與下列步驟，折出雙發的紙砲：

（1）如圖1的第2個步驟折出二個梯形的六角形。（圖①）
（2）再左右對折，形成一個五邊形。（圖②）
（3）將五邊形的下方打開後（圖③）再對折；形成圖④。
（4）將圖4的上方打開後（圖⑤）再對折（如同步驟（3）），外觀成為四邊形。（圖⑥）
（5）將圖⑥上下對折，雙發紙砲就完成了。（圖⑦）
（6）抓緊圖⑦左側上方的尖角部分，用力往下甩，紙張就突出二發的紙砲了。

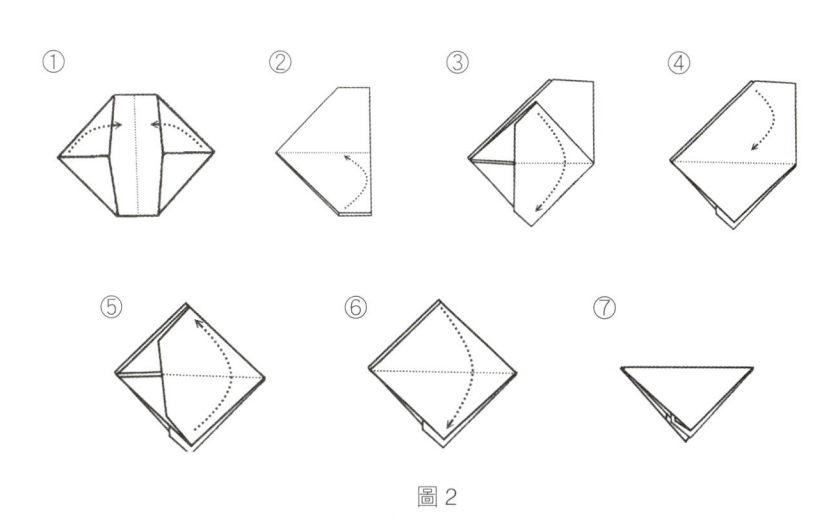

圖2

▶ 給親師的話

建議先用報紙製作，比較容易發出爆裂聲，完成後再指導小朋友用同樣大小的影印紙再製作一次，並比較二者發出的聲響有何差別？為什麼呢？（以相同的力量而言，報紙的聲響比影印紙大聲。）

▶ 原理

用手抓緊紙炮用力往下甩時，內摺的紙張被空氣壓迫衝出來，因為紙張迅速張開壓迫空氣，瞬間產生振動，因而會發出巨大的爆裂聲。如果紙張衝擊空氣的速度越快，聲響就越大聲，因此越用力甩紙砲，就越大聲。而在相同的力量時，報紙比影印紙薄，衝擊空氣的速度會更快，因此報紙就比影印紙大聲。

MEMO

第五篇

電與磁的科學遊戲

靜電的遊戲原理

1. 靜電

當兩種帶不同電荷的物體互相接近時，會使其中一個物體失去電子，而帶正電，使另一個物體得到電子，而帶負電。如果在分離的過程中，正負電荷分別積累在不同的物體上，就會產生靜電。兩種不同物體互相摩擦是一種接觸又分離的過程，所以摩擦會產生靜電。經摩擦後，帶有同類電荷的兩個物體便會互相排斥，如果是帶不同電荷的兩個物體便會互相吸引，此即同性相斥、異性相吸的道理。

2. 靜電感應

帶正電或負電的物體接近其他物體時，使該物體產生正負電荷分離的現象，稱為靜電感應。在靜電感應時，靠近帶電物體這端產生不同性質的電荷；遠離帶電物體那端產生相同性質的電荷，例如當一個帶正電的物體接近鋁尺時，鋁尺內的部分電子被正電吸引而靠近帶正電的物體，使得靠近的這端因為電子數相對增加而帶負電，而遠離的那端因為電子數相對減少而帶正電。

第 5 篇　電與磁的科學遊戲

75　靜電的遊戲 / 一、吸管討厭吸管

杯子裡的吸管時而孤僻，時而又喜歡湊熱鬧！為什麼呢？

實驗影片QRC

▶ 器材
　　毛料的布、兩根吸管、一個杯子，接近半球面的玻璃杯子。

▶ 操作步驟
1. 用毛料的布，輕輕的來回摩擦二根吸管50次，將其中1根斜放在杯子裡。
2. 再將另1根摩擦過的吸管靠近杯子裡的吸管，杯中的吸管就會滑開幾公分，再靠近一次，杯中的吸管就再次滑開，好像很討厭對方喔！
3. 將杯子中的吸管換成未經摩擦過的吸管。再將摩擦過的吸管靠近杯子裡的吸管，杯中的吸管會被這根吸住，捨不得離開。

▶ 給親師的話
　　進行這個遊戲時，材料必須完全乾燥、乾淨。如果第2步驟中的吸管不容易滑開，可以選用杯口比杯底大，杯底光滑且呈半球面，不要太高（約9公分）的玻璃杯（塑膠杯、紙杯、鐵杯的效果比較差）。

▶ 原理
　　當兩根吸管一起摩擦後，會具有相同電性的靜電荷，因此會互相排斥，但由於靜電不是很強，再加上摩擦力的影響，所以吸管滑開的距離只有幾公分。換成未經摩擦的吸管時，會先和摩擦過的吸管感應出相反電荷，因此二根吸管會互相吸引。

165

76 靜電的遊戲 / 二、氣球頭飾

氣球很容易飛掉，怎麼當成頭飾呢？

實驗影片QRC

▶ 器材

氣球、氣球打氣筒、毛料的布。

▶ 操作步驟

1. 用打氣筒把氣球吹飽，再用毛料的布摩擦氣球約30下（或把氣球直接在頭髮上摩擦也可以）。
2. 放在頭上，氣球乖乖的黏在頭上呢！
3. 準備10顆吹飽的氣球（可依實際需要增減），比賽在五分鐘內，誰可以把最多的氣球吸在頭髮上（掉下來就不算）。

▶ 給親師的話

　　進行本遊戲時，材料必須完全乾燥、乾淨，氣球也不可以充氣太飽，以免一摩擦就破了（也可以試試摩擦身上的衣服）。如果氣球無法吸在頭上，試著多摩擦幾次看看。此外，可以指導小朋友試驗氣球是否可以吸在鐵門、玻璃窗、電視等家具上。

▶ 原理

　　這個遊戲也是利用摩擦起電，才讓氣球吸在頭上。

77 靜電的遊戲 / 三、電視機螢幕的神奇效果

電視機螢幕可以讓日光燈亮起來，也能讓鋁箔紙跳舞，也可以……，太神奇了！

實驗影片QRC

▶ 器材

鋁箔紙、塑膠杯、膠帶、電視機（傳統顯示器）、剪刀、塑膠淺盤、60瓦燈泡、電視、電源、桌子、尺。

▶ 操作步驟

1. 剪一片邊長約30公分的鋁箔紙，用膠帶貼在電視機螢幕上。再剪一條長約25公分、寬2公分的鋁箔紙條，一端連接螢幕上的鋁箔紙，一端放在桌上（如圖1，鋁箔紙不可以碰到其他物品）。
2. 將日光燈管直立，並將燈管底部的兩端接到鋁箔紙條（如圖2）。打開電視，仔細觀察，日光燈會亮一下，然後熄滅。把電視關掉，又亮了一下，再熄滅。

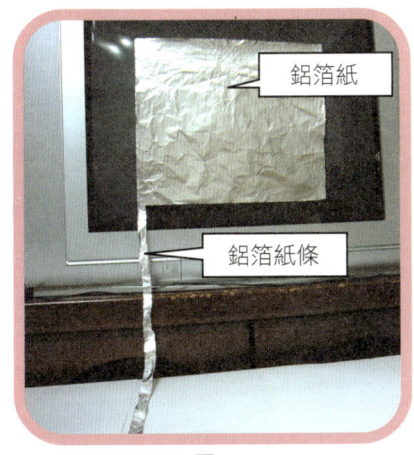

圖1

圖2

玩出創意 120個創新科學遊戲

3. 裝置同上，但是日光燈管換成燈泡。將燈泡直立與鋁箔紙條確實接觸，燈泡和電視之間以紙盒擋住電視的光線，再以拇指和食指放在燈泡上（鎢絲的兩旁）。打開電視，可以看到燈泡放電的電弧光現象。把電視關掉，電荷聚集在鎢絲兩旁的尖端處。（如圖3）

4. 取一塑膠淺盤，剪兩片邊長各約15公分的鋁箔紙，一片和鋁箔紙條連接好（用膠帶固定），並放在塑膠淺盤上。再剪一些鋁箔紙的小碎片（約3毫米，越小越好），灑在塑膠淺盤的鋁箔紙上（如圖4）。把另一片鋁箔紙拿著，平放在鋁箔碎片上方（不要與淺盤接觸），當不停的打開電視、關掉電視時，可以看到鋁箔碎片跳起舞來了。

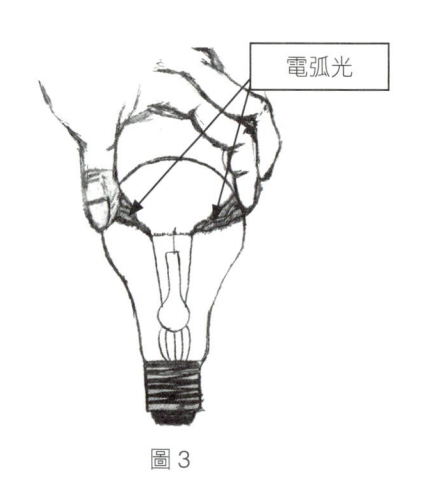

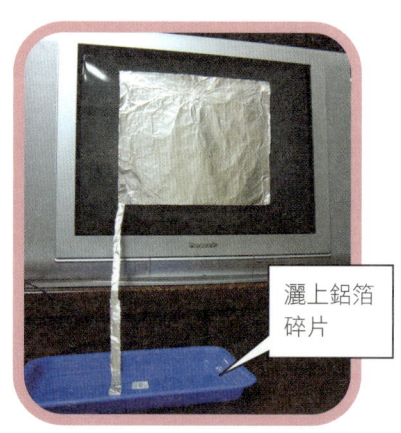

電弧光

灑上鋁箔碎片

圖3　　　　　　　　　　圖4

▶ 給親師的話

有心臟疾病的，請避免玩此遊戲！

在進行本遊戲時，請小朋友仔細聽一聽電源打開時，鋁箔紙發生靜電感應時的聲音。並看一看日光燈亮的時候，是從燈管兩端燈絲開始亮，還是從中間亮起來？（從兩端）。另外，在陰暗的室內，較容易看到燈泡的尖端放電現象。如果尖端放電的現象沒出現，或是鋁箔碎片沒跳起來時，請檢查貼在電視上的鋁箔紙片有沒有貼好；或是按電視按鈕時，需按住直到畫面完全出現（消失）後才放開。

▶ **原理**

　　傳統電視機的螢幕是CRT顯示器（Cathode Ray Tube，陰極射線管的簡寫），是由燈絲、陰極、控制柵組成電子槍，通電後會形成高壓電子束，轟擊電視螢光屏，致使螢光粉發亮，並在螢幕背面產生輻射和靜電，也使螢幕表面產生靜電。這個靜電產生的電壓非常高，可以使日光燈（起動電壓高達500-600V）亮了起來，也使燈泡發生尖端放電的閃電現象，並使剪碎的鋁箔紙帶電而跳舞。

78 小閃電

用鋁片就可以製造出天上的閃電喔！

實驗影片QRC

▶ 器材

剪刀、黑色色紙、空的CD盒（透明的）、迴紋針（2個）、鋁片（或鋁帶）、用完的電子點火器（五金行買約25元）、10公分電線、保麗龍膠。

▶ 操作步驟

1. 將黑色色紙黏貼在CD盒的裡面，布置成暗夜的背景。
2. 將鋁片裁剪成雲、房子等圖案，貼在CD盒正面上。房子凸出的部分（當為雷擊的部位）和雲朵相距約2公分（如圖1）。此2公分空間放置數條約2公分長細銅線（可由一般的電線剝下來）。

⚠ **注意**：銅線必須與雲朵銜接好，但是和房子凸出的部分有間隔（距離3毫米以內）。

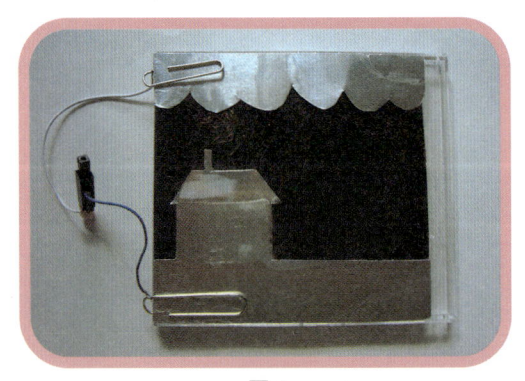

圖1

3. 把電子點火器上的壓電元件取下（如圖2），將壓電元件上的二個導線分別接上迴紋針，再把迴紋針分別夾在CD盒上的雲、房子。仔細觀察：當按下壓電元件的按鈕時，發生了什麼現象？（聽到喀一聲，銅線和房子凸出部分之間出現閃電了。）

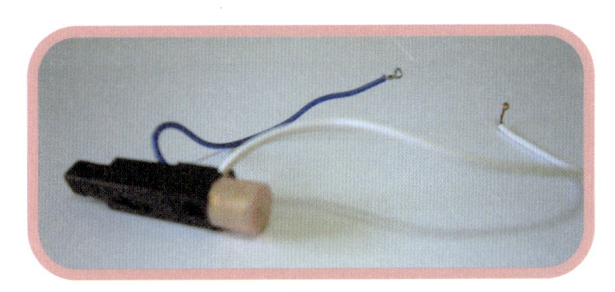

圖2

▶ **給親師的話**

　　由於壓電元件會產生電，有心臟疾病的請勿進行此遊戲，而且一定要使用用完的電子點火器，取出壓電元件時才不會危險。此外，在按壓電元件的按鈕時，不要碰到CD盒上的裝置，以免被電到。

▶ **原理**

　　利用壓電元件產生的高電壓，造成尖端放電的效果。壓電元件的「壓電現象」是由於構成材料的晶體排列具有方向性，如果沿著一定的方向施加外力，晶體會發生形變，同時產生電壓，稱之為正壓電效應；相反的，施加電壓，產生振動，稱為逆壓電效應。

79 燈泡暗亮隨身變

只要吹口氣,就可讓小燈泡變亮、變暗喔!

實驗影片QRC

▶ 器材

剪刀;115V、100W的大燈泡和插座;2.5V、0.3A的小燈泡和插座;3號鹼性電池兩個;3號電池的乾電池盒;電線3條;打火機。

▶ 操作步驟

1. 用厚的塑膠袋裝115V、100W的大燈泡,小心的用鐵鎚敲破燈泡,再用鉗子挑出玻璃碎片。(請留意不要割到手,也不要將鎢絲弄斷。)
2. 將保留了鎢絲的燈泡旋入插座,另一個小燈泡也旋入插座。
3. 將大、小燈泡以及裝了乾電池的開關盒以串聯方式銜接起來,並以膠帶固定(如下圖)。仔細觀察小燈泡在以下情形是否會發亮,以及亮度的變化:首先將開關打開通電(小燈泡會微微發光);接著對鎢絲吹氣(小燈泡會變更亮);用打火機(或蠟燭)對鎢絲加熱(小燈泡亮度降低、變暗);把打火機關掉(小燈泡又會慢慢亮起來)。

▶ **給親師的話**

　　這個遊戲在黑暗的地方可以看得更清楚，效果更好。如果連接所有材料後，小燈泡沒有微微發光，請檢查電線有沒有連接好。

▶ **原理**

　　大燈泡的鎢絲具有高電阻，阻礙了電流的流動，所以剛開始通電時，小燈泡比較暗。吹氣時空氣的流動導致鎢絲的溫度下降，電阻跟著降低，小燈泡就會變亮了；對鎢絲加熱時，溫度上升、電阻增加，所以小燈泡亮度變暗了。

MEMO

80 會散步的鋁罐

有沒有看過鋁罐會散步呢？
利用摩擦過的氣球會讓鋁罐移動喔！

實驗影片QRC

▶ 器材
氣球、鋁罐。

▶ 操作步驟
1. 準備一個乾淨的空鋁罐，將鋁罐放在平坦的地面上。
2. 將氣球吹滿氣，再將氣球摩擦後，靠近鋁罐（但不接觸鋁罐），鋁罐會緩緩移動喔！（如右圖）

⚠ **注意：**用來摩擦氣球的衣服材質以毛衣及合成纖維（例如：尼龍、耐綸）製的衣服，效果較好。而且在又冷又乾燥的天氣，效果更佳。

▶ 給親師的話
當小朋友可以用摩擦過的氣球將鋁罐移動時，可以指導小朋友進行以下任務：（1）比賽看誰的鋁罐跑得遠？（反覆摩擦氣球，來吸引鋁罐，鋁罐會持續緩緩前進。）（2）除了摩擦氣球之外，也試一試摩擦鋁罐，觀察有什麼情況發生？

▶ 原理
利用摩擦產生靜電的原理，當摩擦過的氣球（帶負電）靠近鋁罐時，會讓鋁罐感應出正電，因此就會互相吸引，讓鋁罐跟著摩擦過的氣球前進了。

81 魔力湯匙

電視機螢幕可以讓日光燈亮起來，也能讓鋁箔紙跳舞，也可以……，太神奇了！

實驗影片QRC

▶ 器材
湯匙、磁鐵、迴紋針。

▶ 操作步驟
1. 先用磁鐵吸引家中的湯匙，找出可以被磁鐵吸引的湯匙。
2. 取出可以被磁鐵吸引的湯匙，再用磁鐵以同一方向摩擦20次以上。
3. 湯匙會被暫時磁化，便可以吸引迴紋針。
4. 將迴紋針取下，拿湯匙用力敲打地板3次，湯匙還會吸引迴紋針嗎？

▶ 給親師的話
除了湯匙之外，還可以讓孩子試試家中其他的鐵製品，例如：刀子、叉子等，看看是否也能像湯匙一樣被磁鐵磁化？磁化的效果又是如何？之間有何不同？

▶ 原理
湯匙中的鐵質成分在磁鐵摩擦後，會排列成相同的磁極方向，湯匙就被暫時磁化而具有磁性。如果將湯匙用力敲打地板，這些鐵質成分的排列又不再整齊，而失去吸引鐵製品的作用。

82 帆船大集合

將鐵製的珠仔針與磁鐵摩擦後，就可以做成好玩的玩具了！

實驗影片QRC

▶ 器材
臉盆、磁鐵、珠仔針、色紙、保麗龍、剪刀。

▶ 操作步驟
1. 取一支珠仔針（文具店有售）在磁鐵上以「同一個方向」摩擦約60次，以磁化珠仔針。（如圖1）
2. 將珠仔針穿過紙片，並將其插在保麗龍上以做成帆船的樣子。（如圖2）

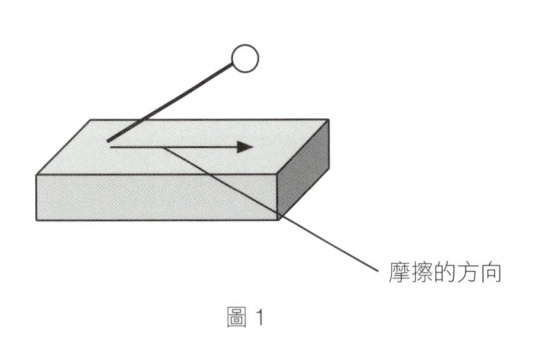

摩擦的方向

圖1　　　　　　　　　　圖2

3. 將製作好的帆船6艘，放在裝水的臉盆上。用長形磁鐵棒的一端慢慢接近臉盆，帆船會全部靠攏過來；換另外一極靠近帆船時，帆船則會被推開。

▶ 給親師的話

　　如果要看到帆船排斥的現象，磁鐵不能離帆船太近，免得磁鐵的磁力太強會快速的又把帆船吸引過去。當小朋友已經熟練控制磁鐵與帆船的距離後，可以指導小朋友進行以下競賽：用磁鐵將帆船移動到自己的港口（剪成一半的塑膠碗），在5分鐘內，得到較多帆船者獲勝。

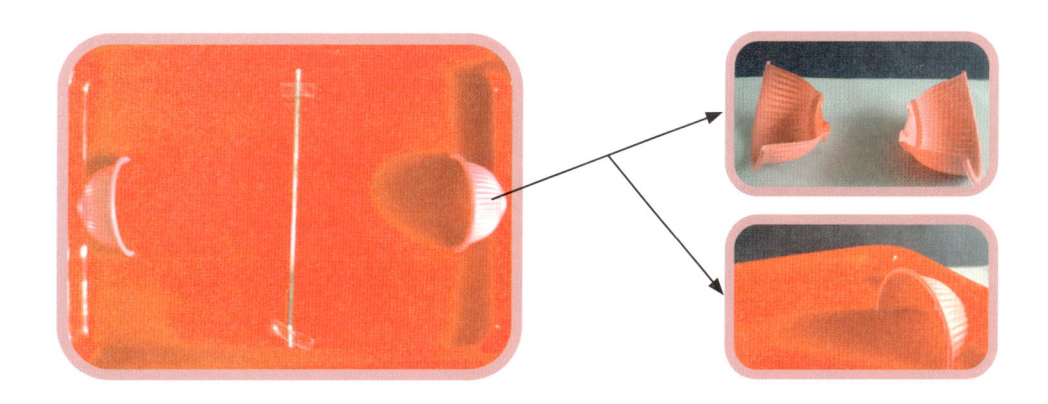

▶ 原理

　　含有鐵質的物質在磁鐵靠近時，若接觸時間較長，可使原本不具磁性的鐵質物質暫時具有磁性，這種情形叫做磁化作用。珠仔針在摩擦磁鐵的過程中被磁化，所以變成一塊小型的磁鐵。磁鐵異極相吸，同極相斥，所以帆船會與磁鐵靠近或推開。

83 空飄針

縫衣針的心情變來變去，
一下喜歡磁鐵，一下討厭磁鐵！

實驗影片QRC

▶ **器材**

罐子、不織布、色紙等、穿過線的縫衣針、剪刀、磁鐵。

▶ **操作步驟**

1. 用罐子（可以用養樂多瓶、寶特瓶等）和不織布、色紙等製作玩偶。
2. 將6-8支縫衣針穿線（約8公分長），然後固定在玩偶的下擺，每支縫衣針相距約1.5公分。
3. 將玩偶下擺的縫衣針靠近磁鐵（不要碰到磁鐵），縫衣針會被磁鐵吸引。（如圖1）
4. 等待約1分鐘，將磁鐵翻面，再次將玩偶靠近磁鐵，不要移動玩偶，仔細觀察發生了什麼現象？（縫衣針會與磁鐵相斥而分開，但是隔一會兒又會被磁鐵吸引而聚集起來。）（如圖2）

圖1

圖2

▶ 給親師的話

在步驟4的時候，可以趁小朋友不注意時，將磁鐵翻面。當小朋友為了縫衣針被磁鐵排斥分開感到困惑時，可以引導小朋友以下的問題：

1. 為什麼縫衣針會被排斥呢？（等小朋友能說出與磁鐵同性相斥的性質時，可以告訴孩子磁鐵有翻面。）
2. 除了縫衣針，生活中還有哪些東西也會被磁化呢？

▶ 原理

縫衣針靠近磁鐵時會被磁鐵吸引過來，並且被暫時磁化，變成磁極相反的小磁鐵。當磁鐵翻面時，就會因為與磁鐵同極而相斥分開，過一會兒，縫衣針會再一次被磁化，又被磁鐵吸引過去。

MEMO

玩出創意 120個創新科學遊戲

84 飛舞的蝴蝶
看不見的磁力線讓蝴蝶在半空中飛舞而不掉落喔！

實驗影片QRC

▶ 器材
盒子、磁鐵、迴紋針、紙張、細線、膠帶、雙面膠。

▶ 操作步驟
1. 利用彩色紙製作一隻小蝴蝶，可自行發揮創意製作，但不要太大隻。
2. 在紙盒子（取家中不要的紙盒）的上方貼上磁鐵（可用紙張包住磁鐵，增加神祕感）。
3. 將細線綁住迴紋針，再將蝴蝶別在迴紋針上，並調整細線的長度，使蝴蝶可以被磁鐵吸引而飄在空中不會落下。（如圖1）
4. 磁鐵和蝴蝶之間的空隙，如果放紙張和塑膠片，蝴蝶不會落下。
5. 用剪刀在磁鐵和蝴蝶中間假裝剪一下，蝴蝶會掉落喔！（如圖2）

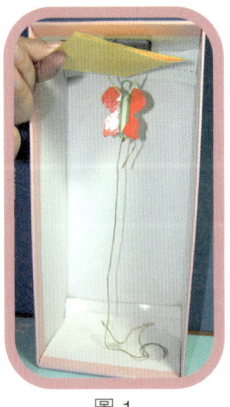

圖1　　　　圖2

▶ **給親師的話**

1. 在操作步驟4與5時,建議不要直接操作,可以先問小朋友:如果在蝴蝶和磁鐵間放入紙張或是塑膠片,蝴蝶會不會掉落?如果用剪刀剪呢?讓小朋友動動腦、猜猜看。
2. 用剪刀假裝剪斷磁力線,可以增加遊戲的趣味性。但是,要引導小朋友瞭解,其實剪刀是阻隔磁力線,不必有剪的動作也可以讓蝴蝶掉落。
3. 完成以上的指導後,讓小朋友用不同的物品試驗看看,並讓小朋友由試驗的物品中歸納出:紙張和塑膠片等物品沒辦法有效阻隔磁力線,而能被磁鐵吸引的物質,如:剪刀、湯匙能有效隔絕磁力線。
4. 除了蝴蝶以外,也可以製作不同的造型增加趣味性。

▶ **原理**

　　重力及磁力這種不必互相接觸而能發生作用的力,我們就稱為「超距力」。蝴蝶受到的力有往下的重力和受到磁鐵吸引產生往上的磁力,當2個力達到平衡時,蝴蝶就會停在半空中。如果在蝴蝶和磁鐵間放紙張或塑膠片,因為磁力線仍然可以穿透過紙張及塑膠片,讓蝴蝶可以受到磁力的作用力而繼續飄浮在空中。但是如果換成剪刀或鐵片時,磁鐵的磁力線會受到阻擋,無法完全作用在蝴蝶上,蝴蝶便會掉下來。

85 轉不停的線圈

利用簡單的材料就可以製作出小馬達喔！

實驗影片QRC

▶ 器材

漆包線、電池座、電池、磁鐵、迴紋針、砂紙、膠帶、紙杯、剪刀。

▶ 操作步驟

1. 用漆包線在圓柱筒纏繞5圈（直徑約2公分），兩側漆包線各留約5公分長。用膠帶固定纏繞的漆包線線圈，避免散開。
2. 兩側的漆包線，一端用砂紙完全磨去外皮的漆，另一端只磨去一側（左、右皆可）的外漆。（如圖1）

⚠ **注意**：漆要確實刮乾淨。

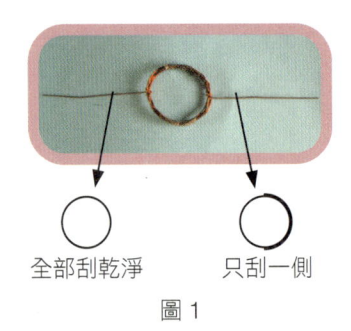

全部刮乾淨　只刮一側

圖 1

3. 取2個迴紋針，彎曲當成支架，再黏貼在紙杯兩側上，兩邊要一樣高。（如圖2）
4. 將電池盒、電線連接在迴紋針上，並在紙杯上用雙面膠帶黏貼一塊磁鐵。（如圖3）

圖2　　　　　　　　　　　　　圖3

5. 將纏繞好的漆包線圈放置在支架上，打開電池盒開關，線圈就會開始轉動囉！（如果沒有轉動，可以輕推一下線圈。）

▶ **給親師的話**

　　如果線圈沒有轉動，經常是由於以下原因：（1）漆包線的漆沒有刮乾淨，請指導小朋友仔細刮乾淨；（2）線圈以及兩側的漆包線位置歪斜不平整；（3）線圈距離磁鐵太遠（太高）。

　　在成功完成讓線圈轉動後，可以指導小朋友觀察線圈的轉動方向是不是固定不變？如果將磁鐵換面，或是將線圈左右對調放置，轉動的方向是不是也改變了？

▶ **原理**

　　電流在流經線圈時，線圈會發生感應而產生磁場，感應磁場與磁鐵發生相斥（或相吸）的作用，而使漆包線線圈轉動。當線圈旋轉半週後，未刮漆部分使電流不再流通，感應磁場消失，但是線圈的轉動慣性使得線圈繼續轉動。當繼續轉動半圈，刮了漆的接腳線又讓電流流通，再次產生感應磁場而繼續轉動。如此反覆循環，線圈就會持續轉動了。上述的原理與電動機類似，但是電動機的構造更為複雜。

86 神奇隕石

大家都喜歡鈔票，神奇隕石也會喜歡嗎？

實驗影片QRC

▶ 器材

紙鈔、強力磁鐵（效果較佳）、紙張、牙籤、橡皮擦。

▶ 操作步驟

1. 在橡皮擦上插一根牙籤。在牙籤上放置一張對折的紙鈔（100元、500元、1000元皆可），並使之平衡不動。
2. 將磁鐵包裝起來，讓小朋友看不出來是強力磁鐵。
3. 告訴小朋友撿到一塊「神奇隕石」可以吸引紙鈔。將「神奇隕石」靠近紙鈔右下角的「壹佰圓」和左上角「100」的位置，紙鈔會被磁鐵吸引而轉動。（建議在無風的地方進行，以免受到風的影響。）

▶ 給親師的話

為了激發孩子的思考，建議可以問小朋友：只有紙鈔可以被吸引嗎？其他的紙可以嗎？讓兒童試試不同材質的紙張（例如：鋁箔紙）。之後，再公布答案，原來神奇隕石就是「磁鐵」。

▶ 原理

印紙鈔的墨水含有磁性物質，所以可以利用磁鐵吸引磁性物質的原理讓紙鈔轉動。

第六篇

熱的科學遊戲

87 溫水也冒泡

水一定要在攝氏100度的時候才會冒泡嗎？

實驗影片QRC

▶ 器材

有金屬蓋的空玻璃瓶、冰塊、隔熱夾或手套、瓦斯爐或微波爐。

▶ 操作步驟

1. 在玻璃瓶中倒入約三分之一滿的溫熱水，放入微波爐加熱接近沸騰，以隔熱手套取出。

⚠️ **注意**：放入微波爐加熱前，不可將瓶蓋一起放入。（如果沒有微波爐，也可用瓦斯爐，但是小心玻璃瓶有可能會碎裂。）

2. 將瓶蓋鎖緊，在瓶蓋上方沖一些冷水，瓶內的水竟然開始沸騰冒泡了。

▶ 給親師的話

過程中需運用到微波爐或火加熱，除了產生熱水外，玻璃罐本身也非常燙，操作時一定要小心，請大人務必在場協助指導並注意安全。

如果看不到沸騰的現象，除了水加太多以外，主要是加熱不夠，水的溫度還太低的原因。只要反覆試驗，就可以成功。

▶ 原理

任何液體的沸點和外界的大氣壓力有關，氣壓越大，沸點越高，反之則越低。例如：在高山上氣壓較低，水的沸點就較低，所以在高山上雖然水看起來已經沸騰冒泡了，但實際上並未達到攝氏100度，因此比較不容易煮熟食物。

本遊戲中,在已加熱但未沸騰的瓶子瓶蓋上沖冷水,就會造成瓶內的空氣遇冷收縮,氣壓隨之降低,水的沸點也降低的結果,因此瓶內的熱水雖然未達攝氏100度,卻也會沸騰冒泡了。

MEMO

88 冷水、熱水大不同

不同溫度的水一定可以混合在一起嗎？那可不一定！

實驗影片QRC

▶ 器材
兩個透明瓶子、紅墨水、硬紙片或塑膠片。

▶ 作步驟

1. 在一個透明瓶子中滴入數滴紅墨水，再裝入熱水後搖晃均勻。另一瓶子則只裝入冷水。

   ⚠️ **注意**：裝入的熱水不必過熱，以免燙傷。

2. 在紅色熱水瓶上加蓋一張硬紙片，壓緊硬紙片後小心翻轉瓶身置於無色冷水瓶上，使瓶口相對（如右圖），再慢慢抽出硬紙片。

   ⚠️ **注意**：在選取瓶子時，最好挑選瓶口比瓶身小且邊緣較厚的，以便瓶子倒立相對時，能較穩固。

3. 仔細觀察上方的紅色水會往下流嗎？（不會混合在一起）

4. 重複上述步驟，但是瓶子位置對調，紅色熱水瓶置於無色冷水瓶的下面，紅色熱水很快就跟無色冷水混合在一起了。

▶ 給親師的話

　　為方便進行試驗,建議在洗手台或流理台邊進行,並鋪上報紙或用布墊著,以方便清理。此外,可以指導小朋友變換不同的顏色,例如:同時使用藍墨水與紅墨水,並觀察如果混合在一起,會變成什麼顏色呢?

▶ 原理

　　本遊戲是利用水的冷熱對流作用,當冷水瓶在下,熱水瓶在上時,因為熱水密度相對較小,所以熱水會留在上方,不會往下流。反之;當冷水瓶在上,冷水密度較大,就會往下流動,形成了對流現象,兩瓶水也就混合在一起了。

MEMO

89 救火紙條

不必搧風點火，輕鬆搶救快熄滅的火焰！

實驗影片QRC

▶ 器材

玻璃瓶（建議用市售的醬料玻璃罐或果醬瓶）、雲彩紙（或西卡紙）、剪刀或小刀、蠟燭、打火機、膠帶或膠水、夾子。

▶ 操作步驟

1. 將雲彩紙（或西卡紙）捲成圓筒狀（長約25公分，寬以可套緊瓶口為原則），並以膠水或膠帶固定此圓筒。
2. 再裁剪一張長方形紙條，長度比紙筒略長，寬度則略小於紙筒直徑（以便放入紙筒內時，將紙筒分成兩半，方便來回抽拉）。
3. 將蠟燭固定在玻璃瓶底部（蠟燭長度略小於瓶子高度），然後點燃。（如果蠟燭過短，可能在還沒套上圓桶前，燭火就會熄滅。）
4. 在瓶口套上紙筒（如右圖），仔細觀察燭焰，會逐漸變小甚至熄滅。在燭火熄滅之前將紙條插入紙筒中，則燭焰活過來了，會一直燃燒喔！此時將紙條慢慢往上抽，燭焰又會變小，快要熄滅時，再將紙條插回去，燭焰則又變大了。

▶ **給親師的話**

　　套上紙筒後，蠟燭可能很快就熄滅了，為避免重新點燃蠟燭的麻煩，可以先將紙條置於紙筒內，直接觀察紙條來回抽動時的燭焰變化。如果效果不明顯，則可能是紙筒太短的緣故，可將紙筒加長再試。

　　當完成後，可以指導小朋友嘗試不同長度紙筒對蠟燭的燃燒有什麼樣的影響？並可點燃一支線香，放在紙筒上空的紙條兩側，分別觀察線香的煙的流動方向，是不是不一樣呢？

▶ **原理**

　　本遊戲主要是運用冷熱空氣對流的原理，還沒有插入紙條時，紙筒只有一個通道被流出的熱空氣占據，無法形成對流，冷空氣（新鮮空氣）無法補充，燭焰就會變小，最後熄滅。當紙筒被紙條分隔後成二個通道，熱空氣不容易均勻的分布在二個通道，二個通道有壓力差，冷空氣就可以補充進來，一產生對流，冷熱空氣就維持順暢的流通了。

MEMO

90 空瓶吞雞蛋

空瓶子也會肚子餓，吃掉白煮蛋！

實驗影片QRC

▶ 器材

雞蛋、鍋子、熱水、寬口瓶（或是5.2公升的礦泉水瓶子）。

▶ 操作步驟

1. 先將雞蛋水煮成白煮蛋，剝殼備用。
2. 選取瓶口比雞蛋略小的寬口瓶，將少量溫熱水倒入瓶中，充分搖動，讓瓶子均勻受熱後，把熱水倒掉。

⚠️ **注意：**拿取瓶子及倒熱水時要小心，避免被燙傷，建議使用隔熱手套。

3. 立即將白煮蛋直放在瓶口上（如右圖）。
4. 靜置一會兒後，仔細觀察，會發現白煮蛋慢慢地吸到瓶子裡，最後掉進去了（如果瓶子浸泡在冷水裡，效果更快）。

▶ 給親師的話

　　白煮蛋放在瓶口上時，可以灑很少量的水在瓶口，以減少白煮蛋與瓶口間的縫隙。如果白煮蛋進入瓶子但是卡在瓶口下不去，可以浸泡到冰水即可（或置於冰箱中）。

　　此外，建議可以不用上述的步驟，而改用任務挑戰的方式，讓小朋友動腦筋，先準備裝了水的氣球（大小比瓶口略大，如同白煮蛋），再要求小朋友思考：如何在不破壞氣球，而且不能用手壓氣球的前提下，讓氣球鑽到瓶子裡面？

▶ 原理

　　空氣會熱脹冷縮，瓶口放上白煮蛋後瓶子就成為密閉狀態，瓶子慢慢冷卻，瓶內的空氣體積就會收縮，氣壓下降，具有彈性的白煮蛋就會被瓶外的大氣壓力擠到瓶子內了。

MEMO

91 鋁罐壓扁扁

要把鋁罐壓扁，除了用腳踩、用手壓之外，還有什麼方法呢？

實驗影片QRC

▶ **器材**

空鋁罐、瓦斯爐、隔熱夾（或烤肉網和隔熱手套）、一鍋冷水。

▶ **操作步驟**

1. 先準備一鍋冷水備用。
2. 在空鋁罐中加入約10毫升的水，再以隔熱夾夾住鋁罐在瓦斯爐上加熱。

⚠️ **注意**：由於鋁罐底部較小，置於瓦斯爐上加熱並不方便（可先放置烤肉網），而且會很燙，留意加熱時產生的熱氣，可能會燙傷手。

3. 罐中的水沸騰之後就熄火，待鋁罐不再冒出水蒸氣後，將鋁罐上下顛倒的直直放入冷水中。（如下圖）
4. 啪的一聲，罐子瞬間就被壓扁了。不注意的話，還有可能被瞬間壓扁的聲響嚇一跳呢！

▶ 給親師的話

過程中需運用到火,請勿讓小朋友獨自操作,且加熱後的鋁罐非常燙,請大人協助指導並注意安全。

▶ 原理

液體加熱變成氣體後,體積會膨脹,而氣體冷卻時,體積會變小。由於加熱後的鋁罐充滿滾燙的水蒸氣,此時將它垂直倒立放入水中時,鋁罐內的水蒸氣急速冷卻,氣壓變小,使得內部壓力比外部的大氣壓力小,因而被大氣壓力給壓扁了。

MEMO

92 奇妙的海底火山

讓我們動手做做看，模擬海底火山噴發的情形吧！

實驗影片QRC

▶ 器材

透明玻璃缸（燒杯、寬口瓶或飼養箱之類的透明容器）、保鮮膜、橡皮筋、紅墨水、竹筷、小玻璃瓶、雙面膠。

▶ 操作步驟

1. 在小玻璃瓶內滴入幾滴紅墨水，倒入熱水後在瓶口套上保鮮膜，並用橡皮筋束緊，再用雙面膠將小瓶子固定在玻璃缸底部。（如圖1）

   ⚠ **注意：** 熱水不要過熱，以免燙傷；挑選小瓶子時，不要高於玻璃缸的一半高度。

2. 在玻璃缸倒滿冷水，再用筷子或牙籤在保鮮膜上輕輕戳一個洞，此時會發現紅色液體會從洞口冒出，並像煙霧一樣緩緩上升，如同海底火山噴發的情形。（如圖2）

圖1

196

圖2

3. 最後，紅色水層會跟冷水層的水慢慢混合在一起，看起來好像是海底火山噴發的情形。

▶ **給親師的話**

　　如果戳的洞太小，紅墨水有可能噴發不出來，可以再戳大一點。而當「紅火山」結束噴發後，請指導小朋友注意水面會有二層，頂層是噴發出來的紅色水層，跟冷水形成明顯的不同水層（因為熱的紅墨水密度較小）。此外，也可以指導小朋友嘗試同時放入兩瓶以上裝有不同顏色墨水的小玻璃瓶，會是什麼樣的情形呢？

▶ **原理**

　　利用水的熱對流作用，小瓶子中的熱水會上升，冷水下降（冷水是無色的，所以雖然有下降，但看不太出來）。

玩出創意 120個創新科學遊戲

93 迷你小天燈

放天燈很好玩，但是製作天燈很費時，你相信三分鐘可以做一個天燈嗎？

實驗影片QRC

▶ **器材**

茶包、剪刀、火柴或打火機。

▶ **操作步驟**

1. 將茶包從頂端（有棉線那一端）剪開，並倒掉茶葉。
2. 將空的茶包完全攤開，可發現兩端都有開口，將開口撐開，使茶包成為圓筒狀，然後將茶包直立在地面。（如圖1）
3. 從茶包的頂部點火（如圖2），仔細觀察茶包燃燒後發生了什麼事？茶包像天燈一樣，升空囉！

圖 1

圖2

▶ **給親師的話**

　　操作過程需要用到火,請大人在旁協助指導並注意安全。

　　茶包建議使用方形扁式茶包,因為它是棉質亦可拆成桶狀,利於產生熱空氣,重量也較輕。不要使用類似泡棉質的茶包,這類茶包燃燒時會產生黑煙臭氣,而且也飛不起來。

　　當成功完成茶包天燈後,可以指導小朋友嘗試各種不同的茶包,比較燃燒與升空情形是否有差異?也可試試報紙、書法用的宣紙或其他紙類,依茶包大小裁剪並直立好,觀察燃燒後是否能升空?

▶ **原理**

　　茶包會飛起來的原理,是因為茶包燃燒時產生熱空氣,而茶包燃燒後的灰燼重量很輕,就會隨著熱空氣冉冉上升了。

94 硬幣之舞

將硬幣放在玻璃瓶的瓶口，
如何使硬幣咯咯咯的發出聲響呢？

實驗影片QRC

▶ 器材

空玻璃瓶（可用米酒瓶或啤酒瓶之類的），10元或50元硬幣。

▶ 操作步驟

1. 將空玻璃瓶放入冰箱中或是冰水中冷卻，約半小時即可。
2. 取出冰冷的瓶子，在瓶口上放置一枚10元硬幣。

⚠ **注意**：在瓶口邊緣抹上一些水，或是先用水將硬幣浸濕，以便硬幣與瓶口之間更加密合。

3. 雙手緊緊握住瓶子（如下圖，不要傾斜），一會兒後，瓶口上的硬幣就會發出咯咯咯的聲響了！

▶ **給親師的話**

　　為了讓效果更明顯，手掌可事先搓熱，或者直接將手泡在溫水中，這樣手掌的溫度就更高了。另外，也可不用手掌，而直接將瓶子泡在熱水中，但是為保持「動手做」的趣味，建議還是讓小朋友自己動手。瓶子避免用塑膠類的，因為玻璃瓶的傳熱效果比較好。

　　當完成後，可以指導小朋友嘗試：如果放上2個硬幣或3個硬幣，還可以發出聲響嗎？

▶ **原理**

　　本遊戲是利用空氣熱脹冷縮的原理，瓶子放入冰箱冷卻後，手掌的熱量傳導給瓶子，瓶內的空氣受熱膨脹而往瓶口逸散，因此將瓶口的硬幣往上推，但由於力量不大，所以硬幣被往上推一點點又落下來，這種情形一直反覆，就產生咯咯咯的聲響了！

MEMO

95 搶救熄滅的蠟燭

用玻璃杯將蠟燭蓋住，讓我們一起來搶救即將熄滅的蠟燭吧！

實驗影片QRC

▶ **器材**

蠟燭1枝、1元硬幣數個、透明玻璃杯1個。

▶ **操作步驟**

1. 將蠟燭點燃，在蠟燭旁的左右各放置1元硬幣1個，蓋上玻璃瓶（瓶子邊緣放在硬幣上），可以發現蠟燭火焰慢慢熄滅了。（如圖1）
2. 重複以上步驟，依序增加硬幣的數量，記錄需要墊多少硬幣，燭焰才不會熄滅呢？（如圖2）

圖1

圖2

▶ **給親師的話**

可以直接讓小朋友挑戰以下任務：準備大小不同的玻璃瓶以及長短不同的蠟燭，讓小朋友分別選擇一個玻璃瓶與一支蠟燭，再利用1元硬幣將容器墊高。試試看，要使用最少個硬幣，讓燃燒中的蠟燭不會熄滅，選用的玻璃瓶和蠟燭的大小有何原則？（玻璃瓶越大，蠟燭越短，所需要的硬幣越少。）

▶ **原理**

燃燒需要空氣中的氧氣，在密閉容器中的燭焰，燃燒到容器中氧氣不足時，蠟燭就會熄滅。當縫隙大小一樣時，玻璃瓶越大，空氣流通的量越大；蠟燭越短，則燭芯越容易接觸到流通的空氣。

MEMO

96 橘子皮煙火

橘子皮（或柳丁皮）可以製造出美麗的煙火喔！

實驗影片QRC

▶ 器材
橘子皮（或柳丁皮）數塊、蠟燭1根。

▶ 操作步驟
1. 取新鮮的、剛剝下來的橘子皮（或柳丁皮），擠壓橘子皮，讓橘子皮汁液噴向燭焰，便可產生美麗的火花。（如右圖）
2. 如果使用較多、較厚的橘子皮，會更為壯觀喔！

▶ 給親師的話
避免讓小朋友單獨進行本遊戲，必須有大人陪同一起做，同時指導孩子用火的安全事項。而除了橘子皮、柳丁皮，也可以試驗柚子、葡萄柚等果皮。

▶ 原理
因為橘子皮的汁液，含有植物性油脂，此油脂具有可燃性。

第 6 篇　熱的科學遊戲

97　燒不起來的手帕

表演魔術的時間到了～
只要用一個硬幣就能讓手帕燒不起來！

實驗影片QRC

▶ 器材

手帕1條、蠟燭1根、硬幣1個。

▶ 操作步驟

1. 將硬幣放在手帕的中央並扭轉手帕，緊緊拴住硬幣。
2. 將包著硬幣的手帕放在蠟燭上方加熱，可以發現手帕只會變成黑黑的，但不會燒起來。

⚠ **注意**：操作時，手不要太靠近火焰，以免燙傷或燒傷。
而且要準備一盆水在旁邊喔！

▶ 給親師的話

完成手帕的操作後，可以指導小朋友換成紙張再試驗一次，是不是也燒不起來呢？

▶ 原理

金屬物品比手帕或紙張更容易傳熱，由於火焰的熱被硬幣吸收了，所以手帕比較不容易達到燃點。

205

98 燭芯的材料

你相信嗎？粉筆可以用來當蠟燭的燭芯喔！

▶ 器材
粗蠟燭1根、小粉筆塊1個。

▶ 操作步驟
1. 將一根粗的蠟燭點燃，再將小粉筆塊裹上粗蠟燭上的蠟油。（如圖1）
2. 將裹蠟的小粉筆塊放在燭焰上，加熱至燃燒。再用夾子把燃燒的小粉筆夾在燭芯上，並將燭芯壓入蠟油中，使燭芯熄滅。粉筆還能繼續燃燒嗎？（粉筆能代替燭芯使蠟燭繼續燃燒，如圖2。）

圖1

圖 2

▶ 給親師的話

　　當成功操作完成後，可以指導小朋友試驗其他可以作為燭芯的物質。基本上只要有小孔隙的都可以代替，例如磚塊、磁磚的小碎片。

▶ 原理

　　燭芯的功用主要是讓蠟油吸附（毛細作用），進而讓燭油達到燃點而燃燒。因此，只要能產生毛細現象（有小孔隙）的物質都可以作為燭芯。粉筆具有小孔隙，所以能代替燭芯（粉筆本身沒有燃燒）。

99 如何拿出錢幣？

如何不弄濕手，就可以拿出裝水盤子裡的錢幣呢？

實驗影片QRC

▶ 器材

蠟燭1根、透明玻璃杯1個、盤子1個、1元硬幣1個。

▶ 操作步驟

1. 將一根蠟燭固定在盤子中央。
2. 將1元硬幣放入盤中，再將水注入盤子中（讓水面剛好淹沒錢幣即可）。
3. **問小朋友**：如何不使用工具把錢幣撥出來，又不弄濕手的情形（不可以把水倒掉），拿到盤子中的錢幣呢？
4. **解答**：將盤中的蠟燭點燃，再將透明玻璃杯蓋住蠟燭。燭火會慢慢熄滅，同時盤中的水會逐漸被吸入杯子裡。

▶ 給親師的話

1. 倒入水之前，在盤子上抹上肥皂或清潔劑，更能確保水能吸得很乾淨。
2. 如果沒有蠟燭，可以利用牙籤插上一顆花生，將花生固定、支撐著不要接觸到水，再點火，一樣有同樣的效果喔！
3. 盤子的水可以加些顏料，讓透明的水變成有顏色的水，這樣杯子內水位的變化會更明顯。

▶ 原理

　　蠟燭燃燒時，消耗玻璃杯內的氧氣（燃燒產生的二氧化碳則部分溶於水），最後由於玻璃杯內氣壓降低，於是瓶子外的大氣壓力把水擠進了杯子裡。

MEMO

100 吸氣功

如何不弄濕手，就可以拿出裝水盤子裡的錢幣呢？

實驗影片QRC

▶ 器材

蠟燭1根、玻璃杯1個、氣球1個。

▶ 操作步驟

1. 點燃蠟燭，將玻璃杯口放置在燭焰正上方，蒐集熱氣約5秒。（如圖1）
2. 立即將玻璃杯口貼在吹脹的氣球上方，靜待10秒，放開氣球，可以發現氣球被吸住，不會亂跑。
3. 拿著氣球，慢慢將玻璃杯倒過來後放開手，玻璃杯會吸在氣球上，不會掉下來呢！（如圖2）

圖 1

圖2

▶ 給親師的話

　　玻璃杯可以用紙杯、塑膠杯代替，效果更明顯，但是要注意紙杯在蠟燭上方加熱時，杯子不能太靠近燭火，以免燒起來。而使用紙杯時，由於重量較輕，甚至只要對著嘴哈氣幾次，也可以達到吸附氣球的效果喔！

　　此外，也可以分別準備大小不同的杯子與氣球，讓小朋友試驗並歸納杯子、氣球的大小，分別與吸附的效果有何關係？

▶ 原理

　　空氣很容易熱脹冷縮，當杯子內的空氣冷卻後由於體積縮小，杯子內的壓力也變小，就被大氣壓力壓住了，於是杯子與氣球就吸在一起了。

玩出創意 120個創新科學遊戲

MEMO

第七篇

光的科學遊戲

101 做一台照相機

做一台簡單的照相機，看看它到底是怎麼運作的？

實驗影片QRC

▶ **器材**

硬紙盒、剪刀、圓紙筒、描圖紙、放大鏡、筆、膠帶。

▶ **操作步驟**

1. 把圓紙筒直立在面紙盒的底部，沿著圓紙筒邊緣畫個圓圈。（如圖1）
2. 小心的剪出圓孔，並把圓紙筒插入圓孔中（必須可以讓圓紙筒隨意推進拉出）。（如圖2）
3. 用膠帶把薄薄的描圖紙貼在紙盒頂部的開口上。
4. 用膠帶把放大鏡牢牢地固定在圓紙筒的末端（若放大鏡比圓紙筒大可以用手操作）。（如圖3）

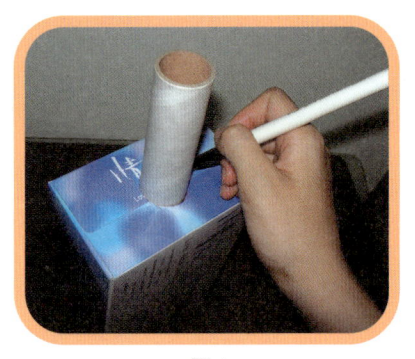

圖1

圖2

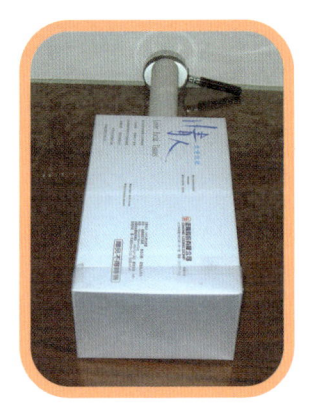

圖3

5. 把放大鏡對準一個明亮的物體,前後調整圓紙筒,直到描圖紙上出現影像。(也可將物體擺在明亮的地方,光線不能太暗。)

▶ **給親師的話**

　　把圓紙筒推進或拉出,直到影像清晰為止。再指導小朋友仔細觀察看到的影像有何特徵?與原來的物體有何不同?

▶ **原理**

　　照相機原理是利用放大鏡前後伸縮調整影像,放大鏡是一種透鏡,它折射了來自物體的光線,並把光線匯集在描圖紙上,因而造成影像上下顛倒、左右相反。

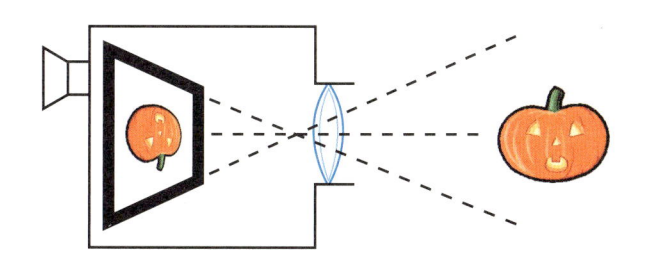

102 小小偵測員

如何製作一個潛水艇的潛望鏡呢？一起來做吧！

實驗影片QRC

▶ 器材

長紙盒、美工刀、剪刀、兩面小鏡子、等腰三角卡紙、筆。

▶ 操作步驟

1. 在紙盒（空的鮮奶盒）的兩側畫出兩條互相平行的斜線，再沿著線小心的割出斜縫，縫口必須可以把鏡子塞進去。（如圖1）
2. 將鏡面塞入斜縫後，上方的鏡子鏡面朝下，下方的鏡子鏡面則朝上。在上方鏡子的鏡面前方的紙盒上畫個四方形，並把四方形剪下。（如圖2）
3. 在下方鏡子鏡面的前方挖個小洞（如圖3），就完成潛望鏡了。
4. 試試看由小洞觀察，能不能看到紙盒上方的景像呢？

圖1 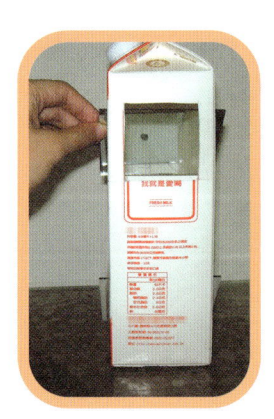　　　　圖2 　　　　圖3

▶ **給親師的話**

　　如果紙盒與鏡子的大小不能配合,可以用西卡紙製作紙盒,用西卡紙甚至可以製作出可以伸縮的潛望鏡呢!

▶ **原理**

　　光線由四方形的洞進入,再從上方的鏡子反射到下方的鏡子,下方的鏡子將光線反射到小孔,就可以從小孔看到上方鏡子的影像了。

MEMO

玩出創意 120個創新科學遊戲

103 銅板不見了

桌子上的銅板，咻！不見了。

實驗影片QRC

▶ 器材

玻璃杯、包裝紙、橡皮筋、水、銅板、白紙墊。

▶ 操作步驟

1. 將透明玻璃杯裝水到九分滿。
2. 剪一張包裝紙（或鋁箔紙）蓋住杯口（必須蓋住杯內的水面），再用橡皮筋綁住。（如圖1）
3. 將銅板放在桌上（銅板要比杯底小），再把玻璃杯放在銅板上，咦，銅板消失了。（如圖2）

圖1

圖2

▶ 給親師的話

本遊戲中的玻璃杯大小高矮不拘，但是操作時必須注意將包裝紙包好，不能看到杯內的水面。

此外，在進行本遊戲之前，建議可以先將玻璃杯壓在銅板上，包裝紙、橡皮筋則放在一邊。然後問小朋友：「不可以移動玻璃杯與銅板，如何利用其他的材料讓銅板看不見呢？」

▶ 原理

放在玻璃杯底下的銅板，在加水進去之後，會因水的折射而讓銅板只能從杯口看到，因此如果將杯口用包裝紙擋住，就完全阻絕了看到銅板的角度。

MEMO

104 數字魔法秀

奇妙的魔術，數字隨身變！

實驗影片QRC

▶ 器材

透明塑膠袋、紙、油性簽字筆、透明盛水杯。

▶ 操作步驟

1. 先在紙上用簽字筆寫上數字「88」（如同電子鐘形狀的數字），然後裝進透明塑膠袋中，在塑膠袋外面，配合紙上的88，用油性簽字筆描出「92」。（如圖1）

   ⚠ **注意：** 描繪完成後，必須看起來還是88的樣子。

2. 將完成後裝了數字紙張的塑膠袋，略為傾斜的放進盛水的杯子中，由上往下看數字發生變化了嗎？咦，88不見了，看見的是92哩！（如圖2）

圖1

圖2

3. 再由杯子的前面看，92不見了，看到的是88。（如圖3）

▶ 給親師的話

　　寫數字的紙張建議用白色略厚的紙，以免曲折影響觀察。而數字可以自行設計，只要紙張與塑膠袋上的數字可以重疊即可。

　　當小朋友瞭解製作原則後，可以指導小朋友設計不同的變化，例如：黑夜變白天、黑貓變白貓等。

▶ 原理

　　在水中的光線，進入空氣時會發生折射，但是當光線進入空氣的角度過大時，不會折射而是發生反射（反射回水中）。

　　紙張上的數字和塑膠袋上的數字，在水中進入空氣的光線角度略有差異，所以在觀察時，由前面觀察可以同時看到紙張和塑膠袋的數字，但是在上方觀察時，由於角度較大，因此只看到塑膠袋上折射後的數字92（紙張的影像88反射回水中）。

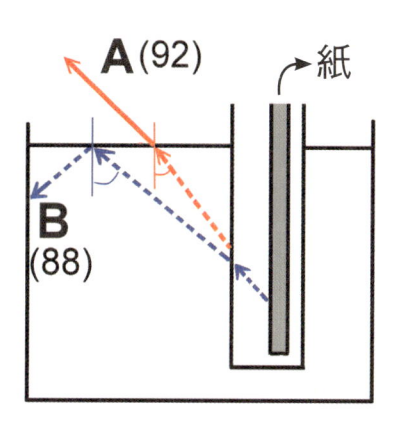

圖3

玩出創意 120 個創新科學遊戲

105 色盤轉轉

彩虹的七種顏色光，可以互相混和嗎？

實驗影片QRC

▶ **器材**

白色厚紙板、色筆、筆心。

▶ **操作步驟**

1. 用鉛筆和圓規，在白色厚紙板上畫出圓，再用剪刀剪下。
2. 把圓形紙板分成七等份的區塊，分別用彩色筆畫上彩虹的顏色，做成一個圓形色盤。（如圖1）

圖 1

3. 拿一支削尖的鉛筆或木棒，戳進圓形色盤的圓心，做成轉盤中心軸。
4. 讓轉盤在桌上快速轉動（越快越好），顏色發生變化了嗎？（如圖2）

圖 2

▶ **給親師的話**

　　要讓效果明顯，可將圓形色盤黏貼在馬達上轉動（可用電腦的風扇）。如果還是無法變成白色，則可能是使用的彩色筆顏色不夠均勻，請再改變彩色筆的顏色（或者用電腦繪圖，以彩色印表機列印出來）。

▶ **原理**

　　轉盤快速轉動時，我們的眼睛看到的不再是個別的色彩，而是混和的顏色，只要轉盤上塗上彩虹的七種顏色，就會混合出白色。

106 藍色光的影子有顏色

影子是什麼顏色？一定是「黑色」嗎？

實驗影片QRC

▶ 器材

兩支手電筒、藍色玻璃紙、橡皮筋、白紙墊、直立物體。

▶ 操作步驟

1. 將一支手電筒用藍色玻璃紙罩住，並以橡皮筋固定好。
2. 將此發藍色光的手電筒放置如下圖中A的位置。
3. 而另一支手電筒放在下圖的B的位置，中央放置筆或其他障礙物。
4. 兩支手電筒同時往中央障礙物照射。仔細觀察兩束光所造成的影子有何不同？顏色一樣嗎？（A手電筒的影子：淡黃色；B手電筒的影子：黑帶點藍色。）

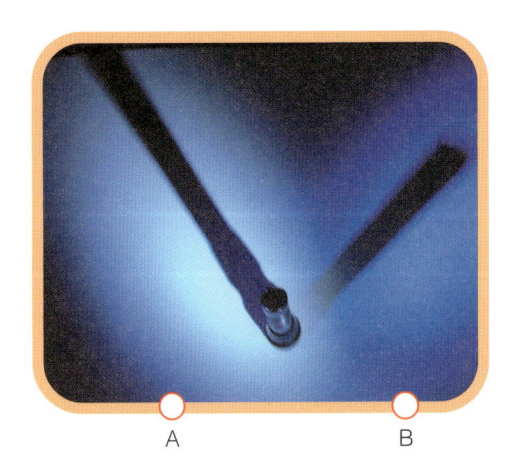

▶ **給親師的話**

要看到影子顏色的差異,請注意二支手電筒的光線亮度需相同。此外,在操作過程中也可改變、調整手電筒的角度,觀察影子的變化。

▶ **原理**

不透明的物體遮住了光線,就會在物體的背後形成「影子」。完全沒有光線照射到的區域,會形成「全影」,而仍有部分光線照射的區域,則形成「半影」。當光源不只一處時,有些影子較黑,有些影子較淡,這些其實都是半影,只是照射到光線的量不同而已。本遊戲呈現的是藍色光被物體遮蔽,因此缺少藍光而呈現黃色的半影區。

MEMO

107 光的美麗看得見

利用家中隨手可得的CD，可以看到美麗的彩虹喔！

實驗影片QRC

▶ **器材**

光碟片、手電筒、黃色透明玻璃紙。

▶ **操作步驟**

1. 將手電筒燈光對著CD照射（也可放在日光燈或太陽下），並調整CD的角度，仔細觀察CD上光的顏色是不是一直在變化？（如圖1）
2. 將黃色玻璃紙橫放在眼睛和CD之間，仔細觀察CD上的彩虹，什麼光不見了？（如圖2）
3. 分別用綠色、紅色的玻璃紙，重複步驟2，再觀察一次。

圖1

圖2

▶ 給親師的話

1. 請指導小朋友仔細觀察CD上彩虹的顏色排列為何？與天空的彩虹是否一樣呢？（排列順序一樣，可看到紅、橙、黃、綠、藍、靛、紫的顏色。）
2. 操作步驟2使用的玻璃紙，用一小片遮住部分的CD即可，以方便比較和原始彩虹的顏色差別。（如果效果不明顯，可將玻璃紙折疊多層再觀察。）

▶ 原理

1. 光碟片表面布滿了微小的凹痕（細小的軌道），CD軌距為1.6微米，DVD軌距為0.74微米。當光線進入光碟片，會因為與軌道上接觸面的角度不同，造成反射光的角度也不同，而形成反射光的「干涉」現象，結果就形成不同波長（顏色）的效果。
2. 白色燈光經過黃色的濾鏡（玻璃紙），玻璃紙吸收了藍、靛、紫三種顏色的光，能夠通過的只有橙色、紅色、黃色和綠色的光，所以能看到的顏色，就只有橙色、紅色、黃色和綠色的光。

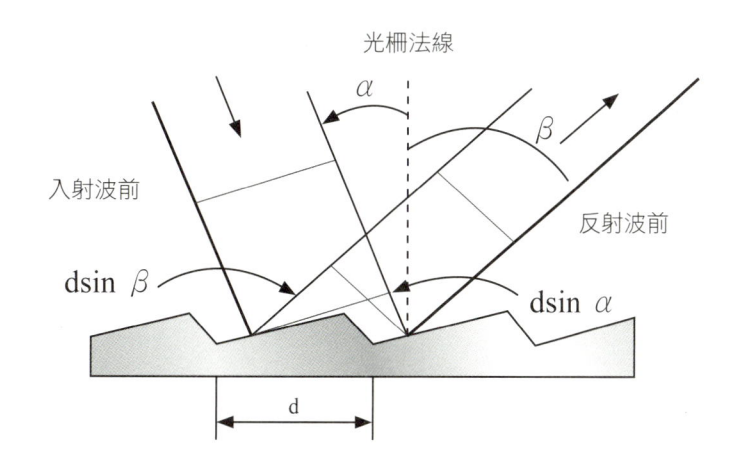

108 彩虹的美麗看得見

平常總是在下雨過後才能看到彩虹，大晴天也可以看到嗎？

實驗影片QRC

▶ **器材**

太陽或手電筒、平面鏡、水盆、白紙。

▶ **操作步驟**

1. 水盆裝水約九分滿，再將平面鏡面向太陽，斜斜的放到水盆中。（如圖1）

圖1

2. 將白紙面對著鏡面上方移動（也可以固定紙張，調整鏡子），就可以找到彩虹喔！（如圖2）

圖 2

▶ **給親師的話**

　　一開始可能找到的彩虹比較不清晰，要有耐心的調整，此外也要注意水面儘量不要有波動，以免看到的彩虹一直抖動。當小朋友成功找到彩虹時，可以指導讓小朋友仔細觀察彩虹顏色的排列順序。

▶ **原理**

　　太陽光由空氣進入水中時，會產生折射，碰到鏡子被反射後，離開水面時又折射一次，再投影到白紙上，總計有二次折射與一次反射。在光進入水中時的折射，因為每種色光的折射角度有差異（藍色光的折射率大於紅色光），因此不同的色光就會分散開了。

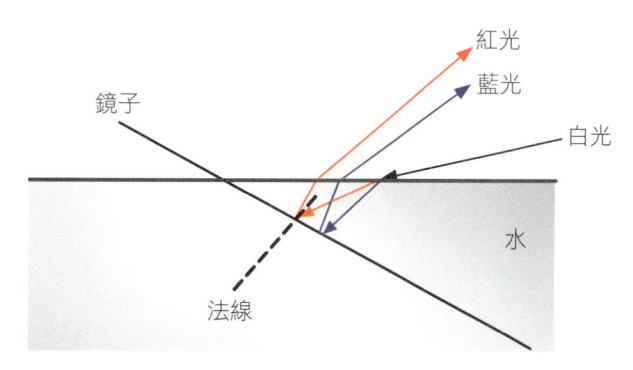

109 光之舞

利用立體劇場的眼鏡與你的巧手轉動，可以看到跳舞的色光喔！

實驗影片QRC

▶ **器材**
　　立體劇場眼鏡、膠帶、剪刀。

▶ **操作步驟**
1. 把立體劇場的眼鏡撕開，在其中一片鏡片上貼上膠帶。（膠帶可以交錯貼，如圖1。）
2. 將另一片沒有貼膠帶的鏡片疊在貼有膠帶的鏡片上方，轉動360度（如圖2），仔細觀察光的顏色變化。

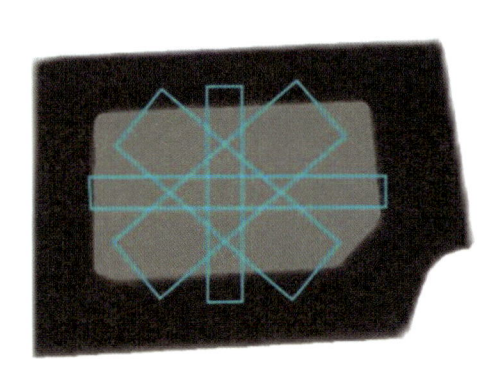

圖1　　　　　　　　　　　圖2

▶ 給親師的話

指導小朋友觀察兩個鏡片互相平行、垂直時,光的顏色有何不同?並注意和角度有什麼關係?

▶ 原理

光為一種電磁波,電磁波的振動面有不同的方向,而立體眼鏡的鏡片是一種「偏光片」,只允許相同方向的光通過。當二片鏡片的偏光方向一樣時(互相平行),光就可以通過。但是當偏光片一為橫向,一為縱向時,通過第一片偏光片的光會被第二片擋住,看起來就黑黑的(暗的)。因此旋轉二片鏡片時,就會看到每90度就一亮一暗的變化。

另一方面,若貼上膠帶,因為膠帶在製造的過程,其分子已被排列成具有雙折射特性(即有二個不同的折射率),有些光進入後會依A折射率偏折,有些光則依B折射率偏折,而變為二束光,透過另一鏡片後又減少了某些方向與偏光片不同的光,造成我們所看到的光是它的互補色光,並且隨著角度的變化而不同。

MEMO

110 羽毛上的光帶

透過羽毛觀察，也可以看到顏色鮮豔的光芒。

實驗影片QRC

▶ 器材

手電筒或燈泡、羽毛。

▶ 操作步驟

1. 將羽毛置於左眼或右眼的前面，調整羽毛位置，到眼睛的觀測距離大約30公分以內。（如圖1）
2. 注視燈光，透過羽毛縫隙，可看到成X形交叉的光芒。（如圖2）（儘量觀測羽毛末梢，排列較整齊處。）

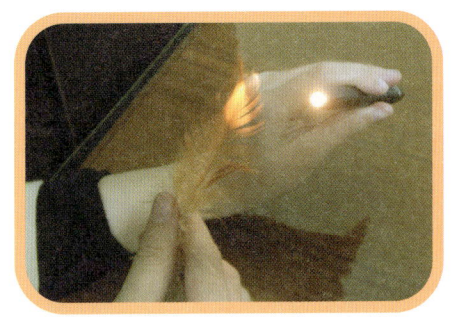

圖1

▶ 給親師的話

羽毛可找綿密的鳥毛觀察，儘量從紋路整齊的羽毛縫中看光源，並注意在光源周圍形成的X形光芒，其顏色是如何排列的？

圖2

▶ 原理

透過羽毛觀察到的彩色光芒，主要是因為羽毛的微小縫隙有如「光柵」，可以產生「繞射」，使得光波經過干涉而形成如同彩虹的現象。第一個發現繞射光柵的科學家，是17世紀蘇格蘭科學家詹姆斯·格雷戈里（James Gregory），在鳥的羽毛縫間觀察到了陽光的繞射現象。

第八篇

化學的科學遊戲

醋與小蘇打的作用

碳酸氫鈉（化學式：$NaHCO_3$）俗稱「小蘇打」或「發粉」，白色粉狀細小晶體，溶於水時呈現弱鹼性。50℃以上會逐漸分解生成碳酸鈉、二氧化碳和水，270℃時完全分解。

小蘇打加入酸（如醋酸），會發生化學反應，產生二氧化碳，反應式如下：

$$CH_3COOH + NaHCO_3 \rightarrow CH_3COONa + H_2O + CO_2 \uparrow$$

另一方面，小蘇打經由加熱會產生二氧化碳，因此常利用此特性作為食品製作過程中的膨鬆劑，反應式如下：

$$2NaHCO_3 \rightarrow Na_2CO_3 + H_2O + CO_2 \uparrow$$

⚠ **注意**：以下的實驗請陪同小朋友一起操作，不可以讓小朋友單獨進行！並建議戴上眼鏡，以免噴濺到眼睛。

111 醋與小蘇打的作用 / 一、火山爆發

讓我們利用小蘇打及醋來製造像火山爆發的景象！

實驗影片QRC

▶ 器材

小蘇打粉、醋、1支600毫升的寶特瓶、湯匙、筷子、滴管、大型餅乾盒蓋（鐵製）、紅色食用色素或紅色墨水。

▶ 操作步驟

1. 將寶特瓶放於餅乾盒蓋上，加入約三分之二瓶清水及3-4匙小蘇打粉並攪拌。
2. 滴入2-3滴紅色墨水並攪拌。
3. 迅速加入1小杯的醋（約50毫升），就可以看到紅色墨水如火山爆發地冒出來了。

⚠ **注意**：不可以在寶特瓶上方直視。

▶ 給親師的話

操作過程如果滴濺到溶液，由於是弱酸與弱鹼，用自來水沖洗即可。而操作完畢時，可讓小朋友摸一下瓶子是不是熱熱的？（為放熱反應）

▶ 原理

醋與小蘇打反應會產生二氧化碳，將瓶中產生的泡沫推擠出來，沿著瓶壁往下流，狀似火山爆發。

112 醋與小蘇打的作用 / 二、有吹力的粉

可以不用打氣機或嘴，就能吹起氣球嗎？

實驗影片QRC

▶ 器材
小蘇打粉、醋、1支乾淨的寶特瓶、氣球、湯匙或刮勺。

▶ 操作步驟
1. 將醋倒入乾淨的寶特瓶中約3-5公分高。
2. 用湯匙或刮勺將小蘇打粉裝入氣球內（約氣球的二分之一），再將氣球套在寶特瓶上（注意：過程中避免讓小蘇打粉掉入瓶內），並利用橡皮筋或膠帶固定氣球。
3. 將氣球拉直讓小蘇打粉掉入寶特瓶內，即可看見氣球慢慢膨脹了。

▶ 給親師的話
為了使氣球容易膨脹，使用前可先將氣球反覆吹脹幾次，讓氣球更為鬆軟。

▶ 原理
醋與小蘇打反應會產生二氧化碳氣體，利用產生的二氧化碳氣體，吹大氣球。

113 醋與小蘇打的作用 / 三、氣泡復活

好喝的汽水居然變成噴泉，讓我們來解開它的秘密吧！

實驗影片QRC

▶ 器材
600毫升寶特瓶裝汽水、曼陀珠。

▶ 操作步驟
將汽水瓶蓋打開（避免搖晃），速迅放入2粒曼陀珠，立即用大拇指將瓶口遮住。慢慢移動大拇指，小隙縫就會噴出很遠很遠的噴泉了。

⚠ **注意**：不可以朝向自己或別人喔！

▶ 給親師的話
汽水建議用冷藏過的，避免一打開瓶蓋就噴出來。另一方面，可以指導小朋友嘗試刮掉曼陀珠的表層之後，製造出來的噴泉效果有何差別呢？

▶ 原理
曼陀珠含有可以作為汽水中二氧化碳的凝結核成分，可以使大量的二氧化碳迅速匯集而造成噴發的現象。

114 豆腐的奧秘

吃過豆腐嗎？豆腐是如何做成的呢？讓我們來做做看吧！

實驗影片QRC

▶ 器材

無糖豆漿、石膏、筷子、乾淨紗布或棉布、600毫升的空寶特瓶、小刀。

▶ 操作步驟

1. 取空寶特瓶，距底部約10公分處用小刀裁斷。
2. 在裁好的寶特瓶中加入無糖豆漿（約3公分高），並加入三分之一匙石膏粉攪拌均勻。
3. 靜置一段時間後（約15分鐘）觀察塑膠杯中的現象。
4. 將上層澄清的液體倒掉，取下層沉澱物倒於乾淨棉布中，再將裡面的水分除去（輕輕擠壓讓水分滲出即可，不可用力過度，會將沉澱物擠出），從棉布中取出豆腐即可。（如下圖）

▶ **給親師的話**

1. 請指導小朋友在無糖豆漿中分別加入鹽、醋、石膏及糖並攪拌，觀察整個過程中，豆漿的變化。（加入石膏及醋皆可讓豆漿產生凝結沉澱，但加入鹽及糖並無凝結現象。）
2. 請小朋友利用上面的器材，動手做出細嫩的豆花。（加入石膏的量約三分之二至一匙，攪拌均勻後靜置即可。）

▶ **原理**

　　豆漿中含有蛋白質，加入石膏或醋等電解質後，蛋白質會因電荷被中和，分子間缺乏排斥力，因此凝結成較大的顆粒，經沉澱去水後，即成為豆腐；糖無法和蛋白質中電荷產生作用，因此無法製成豆腐。

115 移動的色彩

每一支彩色筆都只有一種顏色嗎?那可不一定!

實驗影片QRC

▶ **器材**

水性奇異筆或彩色筆、白色粉筆、水、盛水容器。

▶ **操作步驟**

1. 將水性奇異筆在距離白粉筆底端約1公分處點一小點(直徑約0.2公分)。
2. 再將白色粉筆立於盛水容器內,並緩慢加入水(水面不可淹過小點,如圖1)。

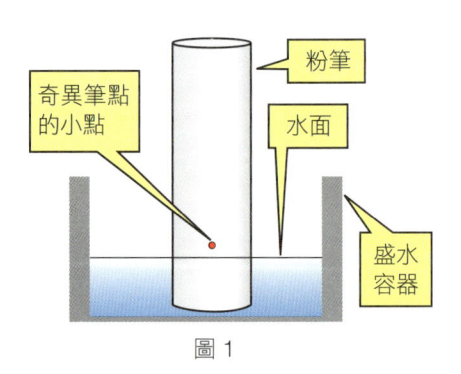

圖1

3. 水會吸附在粉筆上,並一直往上爬,注意觀察小點的色彩會跟隨著往上移動,待水爬升至粉筆四分之三高處,將粉筆拿出來仔細看看顏色有什麼變化?

▶ 給親師的話

1. 請指導小朋友觀察粉筆上的彩色筆，在實驗後哪些顏色分離得最明顯？由此可以推測該顏色的彩色筆是由哪些顏色所組成。
2. 除了粉筆，也可以用各種不同的紙張實驗，例如：衛生紙、沒有油墨的報紙。（如圖2）

圖2　使用衛生紙的效果

▶ 原理

　　彩色顏料經常是由色彩三原色（紅、黃、藍）依照不同比例調製而成，而不同顏色的原料在水的帶領下，在粉筆中有不同的移動速度，而造成粉筆上會有不同色塊的產生。

116 無字天書（一）

武俠小說的武功秘笈中，最高密技藏在無字天書裡，讓我們來破解它吧！

實驗影片QRC

▶ 器材
白紙一張、毛筆或水彩筆一枝、打火機或蠟燭、檸檬。

▶ 操作步驟
1. 將檸檬切開擠出汁液備用。
2. 用毛筆或水彩筆沾檸檬汁在白紙上書寫，再靜置乾燥。
3. 將乾燥後的白紙置於蠟燭或打火機上方烘烤，可以發現書寫的內容會慢慢的顯現出來喔！

⚠ **注意**：烘烤時白紙要來回移動，避免固定烘烤同一處，造成紙張燒起來。

▶ 給親師的話
請指導小朋友用火安全，並仔細觀察在烘烤過程中，書寫的文字是慢慢浮現還是烘烤立刻出現。（顏色會慢慢的變深）

▶ 原理
檸檬汁或醋在紙上書寫後放於火上烤，會因受熱產生化學變化，進而使紙張變色（碳化），形成白紙上出現文字的現象。

117 無字天書（二）

可以用蠟燭製作出無字天書嗎？

實驗影片QRC

▶ 器材
報紙1張、蠟燭1根。

▶ 操作步驟
1. 先用蠟燭在報紙上塗上字或圖案，可以發現並不容易辨識出來。
2. 將報紙放在燭火上烤一烤，塗上蠟的地方就會逐漸清晰的浮現了。

⚠️ **注意**：報紙不要在燭火上烤太久，只要看到字浮現即可，不然報紙會燒起來喔！（另外先準備一盆水，以免不小心報紙燒起來。）

▶ 給親師的話
可以指導小朋友試驗不同材質的紙（如：影印紙、書面紙、圖畫紙……），比較哪一種材質的紙做隱形字的效果最好。

▶ 原理
用蠟在報紙上寫字，蠟在燭火上烤過之後，蠟就會滲進報紙，讓報紙變光滑而減少光的散射，看起來比沒有塗蠟的地方更為透明。

118 無字天書（三）

紙會燃燒成灰，怎麼可以燒成字呢？想知道原因嗎？

實驗影片QRC

▶ 器材

硝酸鉀、白紙（影印紙）一張、毛筆或水彩筆一枝、打火機、線香。

▶ 操作步驟

1. 杯子裝約20毫升的水（自來水即可），將硝酸鉀固體倒入杯子並攪拌。
2. 如果硝酸鉀都溶解完了，再加入少量硝酸鉀，再攪拌，反覆此步驟，直到硝酸鉀無法再溶解為止（即達到飽和）。
3. 用毛筆或水彩筆沾硝酸鉀飽和溶液，在白紙上書寫文字或圖案。完成後靜置乾燥（看不到字）。
4. 點燃線香，再將線香點在剛寫好並乾燥的紙中使其燃燒（不會起火），可以看到會一直沿著書寫過的痕跡一直燃燒下去，慢慢出現所書寫的文字或圖案。（如右圖）

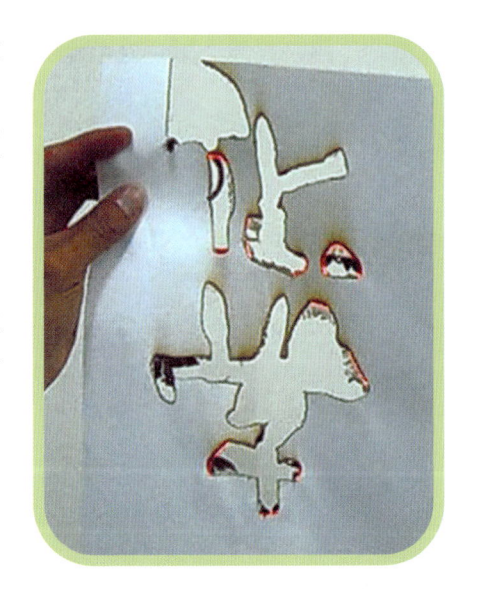

▶ 給親師的話

1. 請指導小朋友在書寫時，儘量寫筆劃簡單的字，或是簡單的圖案即可，以免顯現的文字不易辨識，或是燒斷成好幾截。
2. 本遊戲也可利用線香燃燒後的香灰，加入少量水（淹過香灰即可），待其沉澱後，取其上方澄清液體書寫在白紙上，也有同樣的效果（建議來回書寫，讓書寫部分出現半透明狀，效果會更好）。

▶ 原理

白紙（影印紙）經線香點燃後不易燃燒，容易熄滅。而加入硝酸鉀是因為硝酸鉀遇熱會解離出氧氣，氧氣可以助燃，因而促使紙張可以一直燃燒。

MEMO

119 膨糖

小蘇打粉能夠讓糖水變成香脆的糖餅喔！想不想吃呢？

實驗影片QRC

▶ 器材

紅糖、二砂（或黑糖）、小蘇打粉、大湯匙一支、筷子、水、盤子。

▶ 操作步驟

1. 請於空氣流通處操作。
2. 將紅糖及二砂以1：5的比例混合後，倒入大湯匙中（約湯匙一半的量），再加少量白開水至大湯匙中，水剛好淹過糖面即可。
3. 將加好糖、水的湯匙置於爐火上用小火加熱，並用筷子慢慢的攪拌。首先湯匙中的糖會溶解，接著糖漿會逐漸變成紅褐色。（如圖1）
4. 準備一小盆清水，待糖漿滴於清水中不會擴散即可移出爐火。（或者拿起筷子，筷子上的糖漿有抽絲的現象即可。）
5. 由爐火中移出後，用筷子再攪拌約3-5秒，接著用筷子直接沾黏小蘇打粉於湯匙中攪拌，直至湯匙中的糖漿變色（顏色會轉成淡褐色），隨即靜置，糖漿就會慢慢膨脹、鼓起來了。（如圖2）
6. 靜待膨脹停止後，把湯匙置於小火中烤一下，讓底部的糖再度溶解，就可以將膨糖倒在盤子中享用了。

圖 1

圖 2

▶ **給親師的話**

　　要成功製作出膨鬆漂亮的膨糖需要多次試驗，一開始加的水量過多或小蘇打太少會膨不起來，而加熱時間的掌控也需要多練習幾次。此外，小蘇打粉建議使用食品材料店的，如果使用化學藥品行實驗用的小蘇打，最好不要食用。

▶ **原理**

　　小蘇打受熱會產生二氧化碳，使食物膨脹，膨糖即利用此特性，將糖漿變成膨鬆的糖餅。

120 燃燒的方糖

你能想像嗎？平時用來吃的方糖，可以燃燒喔！

實驗影片QRC

▶ 器材

蠟燭、打火機、方糖、筷子、鹽、水、白紙或厚紙板。

▶ 操作步驟

1. 請於空氣流通處操作，並請大人在一旁指導。
2. 將蠟燭立於白紙或厚紙板上（避免蠟油難清除），再點燃蠟燭。
3. 用筷子挾方糖，並在方糖上沾一些鹽巴（方糖可沾少許水，以便易於將鹽巴黏在方糖上）。
4. 將沾好鹽的方糖置於蠟燭上方的外焰（溫度較高，較易讓方糖燃燒），可以發現方糖慢慢燃燒起來了。

⚠ **注意**：方糖燃燒後會有高溫的焦黑物滴落，小心避免燙傷。

▶ **給親師的話**

　　方糖沾上鹽在火上烤，會先變黑，然後出現燃燒與熔解的現象。此外，可指導小朋友觀察、比較沒有沾鹽的方糖加熱後的現象與變化，是不是也會燃燒？（只出現變黑，然後熔解的現象。）

▶ **原理**

　　本實驗利用方糖本身含有碳、氫、氧等原子，其組成成分會燃燒，但因加熱時無法到達燃點，因此以鹽當作觸媒，來幫助方糖燃燒。

MEMO

玩出創意 120個創新科學遊戲

MEMO

附錄

附錄1

從科學遊戲到科學教學
From Science Games to Science Teaching

許良榮

（刊於民國93年；國教輔導，第44卷第2期，6-11頁）

前言

　　在1992年公布的第二次國際數理教育評鑑（International Assessment for Education Progress，簡稱IAEP）結果中，我國無論是13歲級或9歲級學生的數學及科學的筆試成績，在所有參與的20個國家之中都是名列前矛，僅次於韓國。但是參與此IAEP研究的師大教授楊榮祥（民83）指出，雖然整體成績名列前茅，但有些現象值得憂慮。例如：我國高分群學生平均答對率很高，但低分群成績很差，幾乎在各國中是墊底的，顯示其差異極大。而我國學生在「科學本質的表現」方面低於許多國家，顯示我們的學生似乎只重視知識的記憶，而缺乏科學方法的訓練。另一方面，在實作測驗中表現的觀察能力顯然缺乏訓練，其他各國學生通常能觀察許多項目，而我國學生則只能觀察記錄最顯著的一、二項，不會運用五官作深入觀察並記錄，也有不少學生不會區別觀察和推論，自創方法以及實作方式解決問題的能力差。

　　對照教育部於90年訂定國民中小學九年一貫課程暫行綱要自然與生活科技學習領域，課程目標包括使學生能夠建立：（1）科學知識與技能；（2）透過科學方式探討與辨正，養成科學思考與科學處理能力；（3）認識知識建立的本質，與養成提證據、講道理的處事態度。由IAEP的評鑑結果，顯示要達成上述的目標仍然有一段的距離，需要教師、科教學者的共同努力。

　　科學方法的訓練、實作技能的培養以及科學本質的理解，可以透過不同的教學策略達成，目前各

附錄 1

版本的國小自然與生活科技教科書的設計，基本上符合「活動本位」的理念，強調讓學生透過實作之後再引介科學概念，並學習科學方法與培養科學態度。但是除了教科書，教師也應廣泛應用各種資源設計科學教學，以達成九年一貫的課程彈性化、學校本位以及教師發展課程的理想。而「科學遊戲」是相當值得參考與推廣的教學資源，一方面能引發國小學童的學習興趣，另一方面也可以培養學童科學實驗、實作技能與解決問題的能力。陳忠照（民89）即指出「科學」可以啟發兒童的智慧，「遊戲」則帶來心靈的歡樂。而喜歡遊戲乃人類的天性，我們可以運用簡易又多樣性的科學遊戲，培養孩子成為一位既明理又知性的現代國民。

科學遊戲的意義

對於遊戲到底是什麼，很少有一致、明確的共識（段慧瑩、黃馨慧，民89）。學者對遊戲的定義可說是意見分歧，各有不同的解釋。儘管遊戲不容易下定義，但是近年來，有關遊戲的研究為數不少。

Garvey（1977）認為遊戲的特性是好玩的、無外在目標的、自願參加的。而皮亞傑（Piaget, 1962）認為遊戲是一種行為，該行為的目的是在獲得快樂，是一種無組織性的行為。皮亞傑將遊戲行為分為三類：（1）練習性遊戲：在現代遊戲理論中，將之稱為感覺動作、熟練性遊戲，意指讓兒童練習已經存在基模中的事物；（2）表徵性遊戲：又稱為想像性遊戲、裝扮遊戲、假裝遊戲；（3）規則性遊戲：強調共同決定規則，活動中，競爭性質要強過合作性質。而Sutton-Smith（1979）指出遊戲可以分為兩大類：（1）理性的遊戲：透過遊戲場的活動與遊戲心理學的配合，在學校、實驗室，或受到監控的遊樂場，探究遊戲和問題解決、遊戲和創造力、遊戲和認知發展等主題的遊戲稱之；（2）非理性的遊戲：主要是指激烈的運動、賭博、打仗的遊戲等。

國內研究方面，蔡淑苓（民82）並根據不同學者之觀點，歸納遊戲具有以下特點：（1）遊戲是直接動機引起，動機就是遊戲，它是自由的；（2）遊戲是美的享受、歡樂、滿足及愉悅的情緒

流露;(3)遊戲是滿足的過程,不注重結果的;(4)遊戲是探索、表達及釋放內在自我的途徑;(5)遊戲是幼兒將以前獲得的印象,重新組合成新的世界。

　　至於何謂「科學遊戲」,陳惠芬(民89)根據牟中原在《動手玩科學》一書的推薦序指出,科學遊戲就是把科學活動和遊戲結合,寓教於樂。讓同學可以從遊戲中體會科學原理。而許義宗(民70)指出科學遊戲是「依物質的性質及法則,使之對科學關心,對數字產生興趣的遊戲」;由玩弄有形物,而變化出新的有形物,即為科學遊戲。簡而言之,筆者認為科學遊戲就是蘊含了科學原理或科學概念的活動,能提供學生「玩科學」的機會,而此活動的必要條件就是參與的兒童會認為「好玩」,並且有高度的意願參與。

科學遊戲的角色與功能

　　Green(1974)指出遊戲的功能不僅在於鼓舞學生,對訊息的保留也有直接和絕對的關係。而Trollinger(1977)認為遊戲應用於學習具有以下功能:(1)藉由遊戲過程中,遊戲所要教導是有價值的正確知識之使用;(2)遊戲能夠提高學生的批判性思考和下決策的技能;(3)對遊戲的活動參與,能夠提升學生的知識;(4)在模仿的遊戲中,教師的角色從知識的模仿者轉變為知識的推動者、資源者(resource);(5)遊戲通常是真實生活情況的模型(model),可以讓學生瞭解未來生活的相關訊息;(6)在學習的過程中,透過活動的參與,遊戲能激發學生的學習;(7)遊戲是跨多元學科(multidisciplinary)的,遊戲是要求在主要的訓練中,運用許多的技巧;(8)適當結合各種遊戲,可以滿足不同課程的需求。

　　由於科學遊戲能吸引學童的興趣,並且有其潛在的教學價值,近年來坊間有不少有關科學遊戲的書籍,而與科學遊戲有高度重疊特徵的「科學競賽」也經常舉辦,包括台灣科學教育館舉辦的「全國中小學科學展覽」,以及遠哲科學教育基金會主辦的「科學趣味競賽」等。這些競賽活動都深富教育性、趣味性和創造性,重視激發學生間的相互合作。但是一般科學競賽活動立意雖佳,但大多屬外加

式活動，不僅孤立於教學之外，也容易增加教師和少數菁英學生的負擔（林萬來，民86）。類似科學競賽之中小學科學展覽，由於過度重視名次和績效的結果，易使其徒具形式，甚而淪為教師代替學生捉刀和思考的競技活動（白清華，民88；吳綿，民84）。相對而言，科學遊戲不重視「競賽」，比較不會產生上述的弊病。

無論科學遊戲或科學競賽，如果沒有和教學、學習活動相互連結，不僅可能產生偏差，也無法落實鼓勵學生從事科學探究的本意，也會造成教師額外的負擔。在強調全民科學（science for all）的前提下，科學遊戲不僅可以運用於學校的教學，協助科學教育落實在每一個學生的科學學習，也可發揮大眾科學教育的功能，例如：科學博物館的科學講座、科學園遊會等，提供大眾參與科學活動與學習科學的橋梁。

科學遊戲之取材與設計

有關科學遊戲的參考書籍或網路資料雖然不少，但是要融入教學需要經過教學者的過濾與組織，避免只是單純的引起學童興趣，而缺乏學習的內涵。筆者建議依以下步驟進行科學遊戲素材之選取與設計。

一、科學遊戲的搜尋

首先可由圖書館或網路搜尋有關科學遊戲的資料，例如：以「科學遊戲」或「科學實驗」為關鍵字，以「瀏覽」方式搜尋圖書館館藏目錄，相信可以找到不少參考書籍。在網路用搜尋引擎搜尋相同的關鍵字，也可以找到相當多的相關網站，資源可說不虞匱乏。例如：進入奇摩網站搜尋「科學遊戲」，搜尋結果可說多到看不完，而且也會出現「科學小遊戲」、「幼兒科學遊戲」、「科學趣味遊戲」等相關詞的相關網站資料，相當方便而且豐富。

二、遊戲素材的過濾

　　雖然科學遊戲的素材與資源相當多,但是並不是所有的題材都適合用於教學,必須經過篩選與過濾。應考慮的原則包括:(1)器材的取得是否方便、經濟,避免需要經過訂做或是過於昂貴,以便使每位學生都能實際操作、參與;(2)遊戲效果是否具有明顯效果,所謂「明顯效果」是指遊戲或操作的結果能引起學童的興趣;(3)比對遊戲內容與欲達成的教學目標之關係,儘量選取與學童已經學過或將要學習的目標有關聯性的遊戲,亦即確認遊戲的教學價值;(4)自行試驗操作,確認遊戲(操作)的可行性、安全性與效果。經過前述過程的篩選,相信能夠找到成為教學素材的科學遊戲。

三、科學遊戲之教學設計

　　郭騰元(民89)以其教學經驗與研究,觀察並發現有些遊戲是由古今科學玩家設計,但是小朋友對於科學遊戲的玩法跟科學家不一樣。因此,郭騰元根據下列原則,設計符合學童學習的科學遊戲:(1)能讓小朋友喜歡與驚訝;(2)能運用簡單的科學原理解釋;(3)製作的方法簡單;(4)所用的材料很容易從家裡、超市、文具店或五金行中取得;(5)容易改變或改進。

　　在設計科學遊戲時,首先我們應先思考教學目標(可參考十大基本能力與分段能力指標)以及教學對象具備的技能或能力,例如:低年級學生操作技能有限,不適合做複雜的操作(例如:製作電動機),也不適合探討較為抽象的科學概念之遊戲(例如:表面張力)。其次要思考的是遊戲的參與方式以及進行的方式,例如:「找偵探(猜猜看)」是適合全班進行的解謎遊戲,「空氣砲彈」則是適合小組進行的解題遊戲。接著,我們必須思考遊戲進行時的規則並準備器材,例如:「找偵探(猜猜看)」只能發問是、不是,或對、不對的二分法問題,玩「紙蜻蜓」時不可以往上拋。初步設計之後,教師必須先行嘗試操作,一方面熟悉操作過程,另一方面可以發現是否有事先未注意到的問題,以便修飾遊戲的進行方式或規則。

四、科學遊戲教學設計舉隅

將科學遊戲擴展為科學教學活動，必須把握的重要原則之一是必須有讓學生「動腦筋」的機會，亦即掌握主動探究或解決問題的原則，而不只是玩一玩就結束教學活動。以下舉幾個筆者由教學經驗累積的科學遊戲例子，希望能提供教師們教學的參考。

1. 不透水的網子

這是一個相當簡易的科學遊戲，操作方法是將紗網（玻璃窗用）罩在裝了水的平口玻璃瓶，瓶子大小形狀不拘，但是瓶口一定要平整，並注意紗網與瓶口邊緣要緊密接和，不會凹凸不平。迅速將瓶子倒置後，瓶子裡的水並不會流出來。此現象的原因是紗網雖然有孔隙，但是眾多孔隙形成水的表面張力足以支撐水的重量，因此瓶中的水不會流出來。如果用孔隙更小的紗布，更容易操作，但是孔隙較大的紗網，造成「驚訝」的效果會比較好。

另一現象是，如果將瓶子稍微傾斜，瓶子裡的水就會流出來了。原因是倒置平放時，底部瓶口兩側承受水的重量所造成的壓力相同（平衡），孔隙的表面張力均勻的支撐著水壓。一旦傾斜，瓶口兩側的水壓失去平衡，例如向右斜，右端瓶口承受水壓較大，水就會從右端瓶口流出來。

上述的操作，在教學過程可以採用「問題解決」的方式，要求學生自行試驗「如何利用紗網使瓶中的水在倒置之後不會流出來？」，在操作完成後再發問「希望操作成功，需要注意哪些事項？以及原因是什麼？」。我們可以期望學生在自行試驗操作後，會發現上述的操作要訣（利用小組討論歸納出操作注意事項）。至於科學原理，如果是高年級學童，可以當成作業，讓學生嘗試自行找資料或小組討論；中年級則可以使用講述法以及舉例。至於瓶子傾斜後水會流出來的現象，可視學生資質決定是否說明其原理，不必強求學生能完全理解。

這個遊戲如果再進一步深層化，可以發展為指導學生進行「中小學科學展覽」的作品。例如：用細線製作不同尺寸的孔隙，探討網子的孔隙可以到達多大（即表面張力的變動）？並探討容許的最大傾斜角度為多大？另一方面，也可探討不同濃度食鹽水、糖水或添加清潔劑的水溶液，其容許的網子

孔隙大小。

2. 紙花開了

將報紙剪一個半徑約5公分的圓形（如附圖1），再將圓分為八等分，沿等分線剪小於二分之一半徑的長度，剪好後將「花瓣」往圓心內摺，成為8個花瓣的紙花。將紙花輕輕平放於水槽中，可以看到花瓣依序張開，類似開花的模樣。

在教學上，建議教師先用報紙製作好一個紙花，示範其開花現象，再說明其製作方法與注意事項，之後就讓學生自行製作與試驗（先不用說明其原理）。在學生完成後，讓學生分組進行比較報紙與影印紙做的紙花，其開花速度有何差別？各組操作結束後，教師引導歸納結果——報紙做的紙花開花比較快。說明原因時，建議先說明紙花的開花原理是：毛細作用使水將紙張被彎曲的纖維回復原狀，如同彎曲的空水管在水龍頭忽然打開很大時，會伸直舞動的道理一樣。再利用類比的方式說明：因為影印紙比報紙厚，毛細作用比較慢，如同水龍頭的水流得很慢時，空水管不會動的道理一樣，所以影印紙的開花速度比較慢。

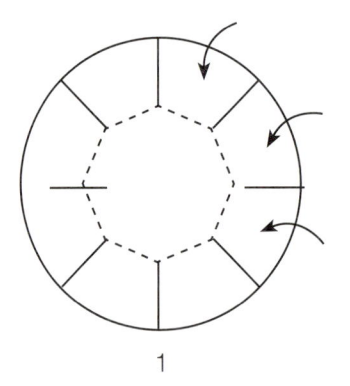

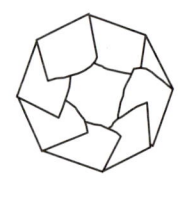

1　　　　　　　　　　　2

附圖1　紙花製作

後續的教學可以延伸到驗證上述的「暫時性解釋—假說」，亦即驗證「影印紙的吸水速度比報紙慢」，屬於「假說—驗證」的教學。將報紙、影印紙剪成相同大小的長條狀，垂直向上，尾端再同時浸入水中，觀察水的上升速度。

　　此外，也可讓學生試驗「相同的紙張但花瓣數目不同的紙花，開花速度有何差異？」。或者進行創意遊戲「設計不同樣式的紙花」——例如：將一層的紙花設計為二層或改變花瓣形狀等。

3. 沉浮子

　　相信很多人玩過這個遊戲，就是裝了水的寶特瓶中，放入用筆套（加紙黏土）或是吸管（加迴紋針）當為沉浮子，旋緊瓶蓋後（此時沉浮子是浮在水面上），用手壓寶特瓶，沉浮子就會沉下去，放鬆，沉浮子就會浮上來。其原因是：沉浮子浮在水面時，其重量與沉浮子內部的空氣所提供的浮力互相平衡，壓寶特瓶時，因為水的壓力增加，水會進入沉浮子而減少其內部空氣的體積（空氣的粒子數沒有減少），浮力因而降低，沉浮子就會沉下去。反之，水的壓力降低時，沉浮子內部空氣的相對壓力較大，會將水擠出，使空氣體積增加，浮力也增加了。

　　在教學時，筆者建議使用吸管套上迴紋針的方式當作沉浮子，比較簡易且方便，使用紙黏土容易因為具有可溶性而產生浮力變化。首先教師先做好一個成品，以示範方式讓學生觀察其沉浮現象，「驚訝」的效果會相當不錯。接著說明其製作方法與注意事項，尤其要提醒學生沉浮子不可以露出水面太高，否則會發生無論如何用力都無法沉下去的狀況，換言之，沉浮子露出水面越少，越容易沉下去。

　　在學生已經製作並操作完成後，教師可以發問以下問題：（1）慢慢用力壓，仔細觀察吸管內部（建議使用透明的吸管與寶特瓶）的水面變化，並想一想為什麼（小組討論）？教學目標為學生能仔細觀察出水會進入吸管內部，並能討論出其原因是因為水的壓力比較大；（2）以創意競賽方式，各組比賽製作出能夠「依序」先後沉下去的沉浮子，越多順序越好。筆者在師院實施的結果，最高紀錄是六個順序，小學生應至少可做出三個；（3）發揮想像力，製作出在沉浮過程中會「旋轉」的沉浮

子。這個學習任務可能比較難，可以提醒學生想一想電風扇的形狀；（4）各組討論想一想，除了吸管、筆套，還有哪些東西可以用來做沉浮子。

結語

　　九年一貫課程需要教師能充分發揮主動學習與思考的精神，成為一個教學課程的設計與轉化者、潛在課程的發現者、懸缺課程的彌補者。這種轉變勢必增加教師的教學負擔，但是也可促進教師專業知能的持續成長。以上所述例子是筆者由日常生活與教學經驗累積的部分活動設計，這些活動主要來自參考書籍或生活經驗，筆者只是注意到了這些活動的潛在教學價值。只要用心體驗與思考，相信每位教師都能設計出有趣、豐富，並且滿足自然與生活科技之學習需求的科學遊戲。

參考資料

中文部分

白清華（民88）。杜絕教師或家長捉刀科展遴選代表現場比賽。中國時報，1月11日，第15版。

林家蓉譯（民89）。365個簡單有趣的科學遊戲。台北：方智出版社。

吳綿（民84）。如何輔導學生從事科學研習活動。師友月刊，九月號，80-82。

林萬來（民86）。不要再增加國小教師的負擔。民眾日報，12月24日，第6版。

段慧瑩、黃馨慧（民89）。不只是遊戲：兒童遊戲的角色與地位。台北：心理出版社。

施雯黛譯（民89）。77個簡易好玩的科學魔術。台北：方智出版社。

許義宗（民70）。幼兒科學遊戲。理科出版社。

許良榮（民90）。「自然與生活科技」學習領域之教學活動的設計。刊於中區九年一貫課程理念與實例，頁209-220。台中師院。

陳忠照（民89）。圓一個快樂童年的夢──親子科學遊戲的實施。國民教育，5，26-32。

陳惠芬（民89）。「科學趣味競賽」引入國小教學活動成效研究──以水火箭之學習環模組為例。國立台中師範學院自然科學教育研究所碩士論文。

郭靜晃（民89）。兒童遊戲：兒童發展觀的詮釋。洪葉文化。

郭騰元（民89）。創意的科學玩具。台北：牛頓開發有限公司。

楊榮祥（民83）。由國際數理教育評鑑談我國科學教育。科學月刊，25（6），410-425。

蔡淑苓（民82）。遊戲理論與應用。台南家專學報，12，151-174。

英文部分

Coble, C. R., & Hounshell, P. B.(1982). Teacher-Made science games. *American Biology Teacher*, 44(5), 270-277.

Garvey, C.(1977). *Play*. Massachusetts: Harvard University press.

Green, V. A.(1974). *To determine the effectiveness of board game simulations in the grade five social studies program. Final report 80-87*. British Columbia: Educational Research Institution.

Piaget, J.(1962). *Play, dreams and imitation in child-hood.* N.Y.: Norton.

Sutton-Smith, B.(1979). *Play as metaperformance,* In B. Sutton-Smith(ed.), Play and learning, pp.335-358. N.Y.: Gardner press.

Trollinger, I. R.(1977). *A study of the use of simulation games as a teaching technique with varying achievement groups in a high school biology classroom.* Unpublished doctoral dissertation. Chapel Hill: North Carolina University.

附錄2

科普活動設計：以「泡泡世界」為例

許良榮　吳筱婷

（刊於科學教育月刊，民96，第296期，33-41頁）

前言

　　科學的發展帶動社會的進步、科技的革新，進而影響人類生活的品質。學習科學、瞭解科學成為學生與社會大眾的課題之一。但是隨著科學知識的日益艱深，科學概念越趨抽象，加以科學傳播的缺乏，大眾對於科學的接觸有漸行漸遠之態，「科學文盲」一詞乃應運而生。「科普」的任務之一是拉近科學與大眾的距離，進而培養社會大眾對於科學的基本認識，這是科學教育應予重視的一環。

　　「吹泡泡」幾乎是每個人兒時的歡樂經驗，在科學課程多年的變動下，一直是小學科學課程中既存的單元。可惜受限於教學時間、學童認知層次與課程內容的壓縮，無法呈現出其中蘊含的多樣性科學內容。筆者由教學研究經驗發現「泡泡」包含了不少的科學概念與引人注意的科學活動，不僅與生活經驗結合，也包括了物理、化學、幾何與藝術的不同層面，是一個值得引介的科普活動「內容」。因此以「泡泡世界」為主題，獲得國科會經費補助，設計各項「展示」以及「操作活動」，在國立自然科學博物館展出四週，也到幼稚園、兒童福利中心等辦理展出。本活動為非學術性導向，而是一種實踐歷程，期望能走入群眾，將科學的奇妙帶給大眾，讓民眾能體會生活處處有科學，帶領參與的學生或民眾一窺泡泡的科學秘密、鑑賞科學之美，並養成從日常生活現象思索其原理的科學精神。

　　在設計活動的過程中，筆者深刻感受「泡泡」的相關現象蘊含相當豐富的科學原理，頗具教學價值，值得作為科學教學的參考或科學推廣的素材，以下介紹筆者設計展出活動的經驗以及操作活動的

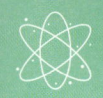

內容，以提供讀者與教師參考。

展出內容與活動設計

　　本計畫展出內容的參考資料包括：網路、學術期刊、書籍等資料，例如：國外已經有不少以Bubble為主體的網站（國內尚未見此類專門網站）。而柏克萊加州大學出版的相關書籍如《Bubble Festival》（Lawrence Hall of Science, 2005a）、《Bubble-ology》（Lawrence Hall of Science, 2005b）、《The science of soap films and soap bubbles》（Isenberg, 1992），也包含相當豐富的參考資料。此外，筆者也邀請本系三位教師參與研究，分別具備科學教育、化學、物理與生物之不同領域專長，互補有無，協力合作蒐集資料，以增加展示內容的豐富性與恰當性。

　　「泡泡世界」科普活動主題的內涵包括：「泡泡光學」、「泡泡化學」、「泡泡力學」、「泡泡幾何學」、「泡泡表演藝術」五個層面，並以展出以及動手操作之探究活動方式引介。分別簡述如下：

一、泡泡光學

　　內容主要為泡泡薄膜上呈現各種顏色之原理，包括：光的反射、折射以及干涉，此部分主要以圖文的方式展示。

二、泡泡化學

　　由分子特性介紹泡泡形成之基本原理與概念，其中牽涉親水基、親油基、介面活性劑等基本化學概念，此部分主要以圖文的方式展示。

三、泡泡力學

　　本部分由清潔劑分子對水溶液之「表面張力」的影響，引介日常生活中隨處可見與表面張力有關

的現象。除了圖文的展示,並設計動手操作的探究活動:「不會沉的鐵絲」以及「不漏水的網子」。

四、泡泡幾何學

　　延續「表面張力」之觀念,展現泡泡膜形成「最小表面積」的奇妙幾何結構。國立自然科學博物館中已有展示正立方體結構形成的泡泡膜,但是略嫌不夠深入與多樣性,且缺乏與民眾的互動。本展出在此部分的設計提供更多樣性的結構變化,例如:螺旋體、圓柱、四面體等不同形狀。

　　另一主題是利用壓克力模型展示「二維泡泡」形成「最短總路徑」的特性(如附圖1),分別包括4、5、6個點的模型,以及「畫畫看」活動:實際運用於台灣六個城市之間,如何設計(畫出)兩兩城市皆可互通的「最短總路徑」的公路。

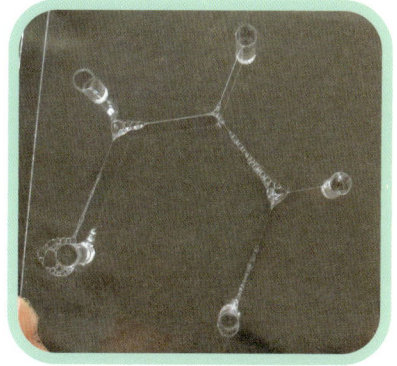

附圖1　二維泡泡(5個點所形成的泡泡)

五、泡泡表演藝術

　　包括「可觸摸泡泡」以及「拉泡泡」。「可觸摸泡泡」是研究者研發出的配方,利用加入適量的膠水,可以產生能觸摸的泡泡(如附圖2),相當具有新奇性與趣味性。而「拉泡泡」的發展過程也是研究者以嘗試錯誤方式,試驗多種廠牌之清潔劑以及水、甘油之比例,最後研發出可以相當穩定地拉出約6公尺長的泡泡配方(如附圖3)。

附圖2　可觸摸泡泡

附圖3　展出活動研發的拉大泡泡配方之成效

本展出活動在設計過程中,由推廣小組(包括二位碩士班研究生以及三位大學部學生)共同蒐集資料、設計圖文以及動畫。設計初稿藉由檢核表,邀請本系三位教師評鑑展出內容之恰當性,再進行修訂,前後歷經五個月時間。而設計成果再製作成網頁,以更進一步擴展科普之推動,網址為:http://www.ntcu.edu.tw/stevehsu/favorite_1.html,歡迎讀者上網瀏覽。

另一方面,本計畫招募本系學生共18名,展出前實施「職前教育」,以擔任現場解說以及操作活動指導,也提供學生現場實習以及參與社會科學教育的機會。

活動設計特色

坊間已有不少與「泡泡」相關的科學遊戲或活動(請參閱上述網站的「好站連結」),因此本文不再介紹有關表面張力、泡泡膜原理的部分,而針對在展出期間,民眾或師生較常提出的問題,說明操作或活動設計的內容。

一、拉大泡泡

在展出期間,「拉泡泡」可說是最受歡迎與注意的活動,總計發出的1,925份問卷中,有69.0%的民眾勾選最喜歡的活動是「拉泡泡」,工讀生的受訪意見也顯示此活動受歡迎的程度。

> 研究者:那時候你對泡泡的感覺就是?
> B2:就是一樣覺得很好玩。大家都衝著拉大泡泡來的。就連我們工讀生也一樣,有時間就很愛玩……對啊!就覺得很奇怪,明明知道就是這樣,可是還是很愛玩。

筆者在嘗試拉泡泡的配方時,首先訂定的原則是:便宜、容易取得。在試驗過多種的清潔劑(包括:洗衣精、洗衣粉、洗碗精、洗髮乳等)之後,發現坊間販售的清潔劑效果不一。而相關網頁、書

籍公布的配方比例也有差異，但是相同的是都添加了「甘油」（丙三醇），國外以泡泡為表演秀的專業網站則不會公布配方。

經過多次嘗試錯誤，包括更動清潔劑、水與甘油的比例，筆者拉出大泡泡的心得如下：
1. 清潔劑：到五金店或99賣場，買4公升約45元的洗碗精（廠牌不拘）。
2. 甘油：化學藥品行（一瓶500毫升，約150元）。
3. 捕魚網：約40元一個，剪掉網子（但是鐵絲圈仍留著網子，以增加吸水性）。
4. 清潔劑、水、甘油＝12：10：1（比例不必很精準，如能用蒸餾水更佳）。
5. 拉的速度自行控制，以拉出一「長泡泡」為目標，或是拉出一個「大泡泡」為目標。

上述第4點的比例會因清潔劑廠牌的不同而有差異，筆者試驗過的，曾經用到4：4：1。而在科博館展出期間，曾因清潔劑用完，請相同廠商送來相同牌子的清潔劑，但是拉泡泡的效果卻出奇的差，打電話詢問之後，才發現廠商更動了清潔劑的製作配方，於是要求送來原來配方的清潔劑，才解決了問題（而且廠商不願告知其清潔劑的配方）。

其他注意事項包括：（1）室內的效果最佳，大太陽下、多風處，會明顯降低效果；（2）圈圈越大，泡泡長度會越小，可以自行斟酌以長泡泡為目標，還是大泡泡為目標；（3）泡泡水如果弄髒、有雜質會降低效果；（4）地板必然會造成濕滑，小心注意滑倒，最好能鋪上止滑墊；（5）泡泡水的表面如果形成小泡沫，必須撈除，否則會干擾拉泡泡效果。

目前筆者的研究生持續在試驗拉泡泡配方，嘗試以純的介面活性劑，而非以市面的清潔劑為原料，以免再發生廠商更動比例而影響效果的情形。

此外，國外有販售拉泡泡水的網站（如http://www.xtremebubbles.com/index.html），一瓶大小約8公升賣13美元（4瓶則為30美元），這也是一種商機；另外也有拉泡泡的器具出售（包括桿子與細孔的線），筆者試驗的心得是：器具與拉泡泡效果關係不大，只要具備細孔，能夠吸附水分即可，差別只是方便性（方便置入泡泡水再拿起來拉），重要的還是泡泡水的配方！

二、可觸摸泡泡

國內已有廠商販售可觸摸泡泡，筆者在仿效過程，首先注意到這種泡泡破掉後，顏色是白色的，摸起來有點黏黏的膠狀物，所以試驗過白膠（萬能糊）、三秒膠、膠水，並且變動各種比例，最後發現以黏貼紙張的膠水即可完成。方法是用清潔劑（一般洗碗精即可）添加文具店買來的膠水（體積比約1：5，不必加水），均勻混合後靜置，讓攪拌產生的小泡泡消失後，再吹吹看。如果不成功，再改變一下比例（通常必須增加膠水的量）。

在配製過程中，膠水與洗碗精攪拌後，會產生乳化現象（很多小泡沫），可靜置數小時，小泡沫就會消失，再吹看看。而如果過於黏稠，可以加很少量的水或酒精（不可加太多）。而為了加速去除小泡沫，筆者曾經使用減壓方式，結果發現效果不彰，只需靜置即可。

三、泡泡幾何學

本活動是筆者認為最具教學價值的單元，通常對於泡泡的注意力會集中在三維的大泡泡，但是平面泡泡膜的特性，具備了相當特殊的幾何特性，且二維泡泡與三維泡泡具有某些相通的幾何現象。

三維泡泡會形成「最小表面積」（二維），例如：正立方體結構的架子，形成的泡泡膜（如附圖4），泡泡膜總表面積約為六個面之總表面積的70.7%（正四面體則約只有60.4%）。特別的是，每個泡泡膜接觸面必然成為120度，而且只有三個（或以下）泡泡膜彼此互相銜接。三維泡泡的最小表面積的計算，並不算簡單，對於國中學生可能過於困難，但是可以嘗試讓高中學生解決此問題。

附圖4　正方體形成的泡泡膜

而可利用二片壓克力板與數根小圓柱形成的二維泡泡，則會形成「最短總路徑」（一維），同時保持接觸面為120度、只有三個（或以下）泡泡膜彼此互相銜接的特性，例如附圖1是五個點形成的泡泡膜。

二維泡泡的最短路徑計算較為單純，在教學設計上，可以讓學生演算不同數目的點形成的泡泡膜總路徑，例如以正方形四個點的計算為例：

假設四個點位於邊長為1的正方形四個頂點，則兩兩相通的可能路徑包括⊓字形與X形，⊓字形總長度為3，X形總長度為≒2.83。而實驗結果，泡泡膜所形成的形狀如附圖5，而這是否具備「最短總路徑」？

由於泡泡的接觸面是120度，因此：

中間橫線的長為：$1 - 2 \cdot (1/2\sqrt{3}) = 1 - 1/\sqrt{3}$ …… （1）

四條斜線長為：$4 \cdot (1/\sqrt{3}) = 4/\sqrt{3}$ ………………（2）

所以總路徑長為：（1）＋（2） ＝ $1 + \sqrt{3} \risingdotseq 2.71$

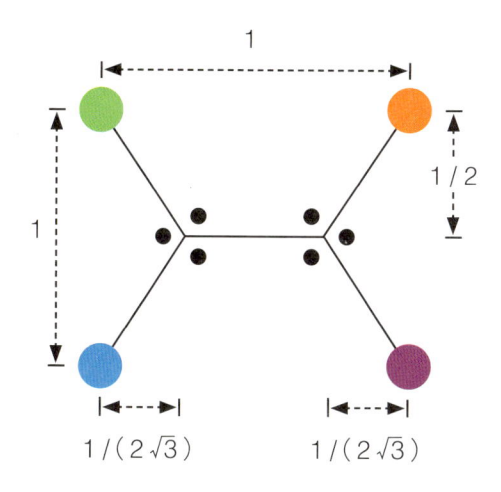

附圖5　四個點形成的泡泡膜長度

至於位於正五邊形的五個點所形成的泡泡膜（附圖1），其總路徑長則為3.891（邊長假設為1），此計算需要用到多次的三角函數，較為複雜，計算過程請參閱附件。

而正六邊形的六個點所形成的泡泡膜較為多樣性，其平衡組態有三種，所謂「平衡組態」（equilibrium configuration）是指泡泡膜可以形成120度的接觸角。此三種平衡組態的泡泡膜形狀如附圖6所示，其中又以（a）的總路徑為最短（詳細論述請參閱：Isenberg, 1992; pp.56-62）。實際

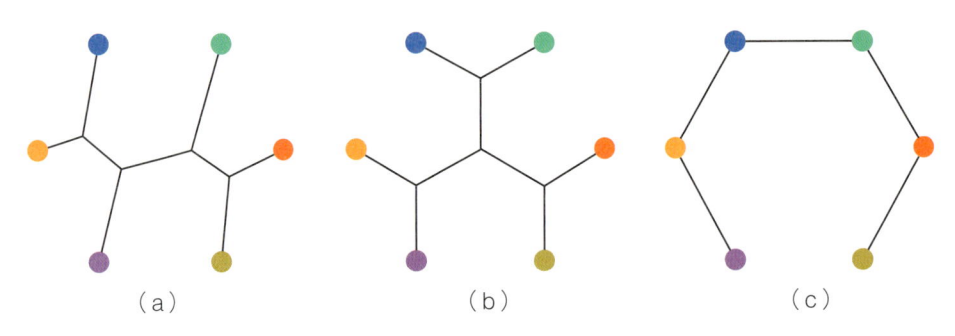

（a）　　　　　　（b）　　　　　　（c）

附圖6　六個點形成的三種泡泡膜

以壓克力板進行實驗時，泡泡膜會形成此三者中的任一個，與壓克力板離開泡泡水的角度與快慢有關，這也是相當有趣的實驗，可以讓學生實際操作，觀察泡泡膜的形成。請注意壓克力板模型浸入泡泡水時，必須先把水面的小泡沫撈去，讓水面沒有泡沫，以免泡沫進入壓克力板模型，干擾泡泡膜的形成。

四、用泡泡膜建公路

由上述二維泡泡延伸的應用是「如何在城市之間建立彼此互通的最短公路？（或水管）」，例如以下問題：「如果不考慮地形因素，要連接台北、台中、宜蘭、花蓮、高雄與台東六個城市，如附圖7（a）。試試看，你能不能畫出最短的可能路徑？（必須任何二城市之間可互通）」，解答如附圖7

附錄 2

（b）。而附圖5四個點之間形成的泡泡膜例子，可以用來和學生說明在實際運用上，如果要建造能夠銜接馬路四個路口的地下道，而且要求總路徑最短，以節省經費，附圖5的泡泡膜就提供了解答。

除了可以利用壓克力板模型浸入泡泡水實際操作，也可以用畫的。而為了方便畫出120度的連接線，筆者設計了如附圖7（c）的壓克力板，每次必須使用二個壓克力板，調整二個板子的角度與距離，使連接線通過城市，即可畫出理想的路徑。觀看實際操作過程，請點閱以下網址的影片：http://www.ntcu.edu.tw/stevehsu/draw_Taw.mpg。

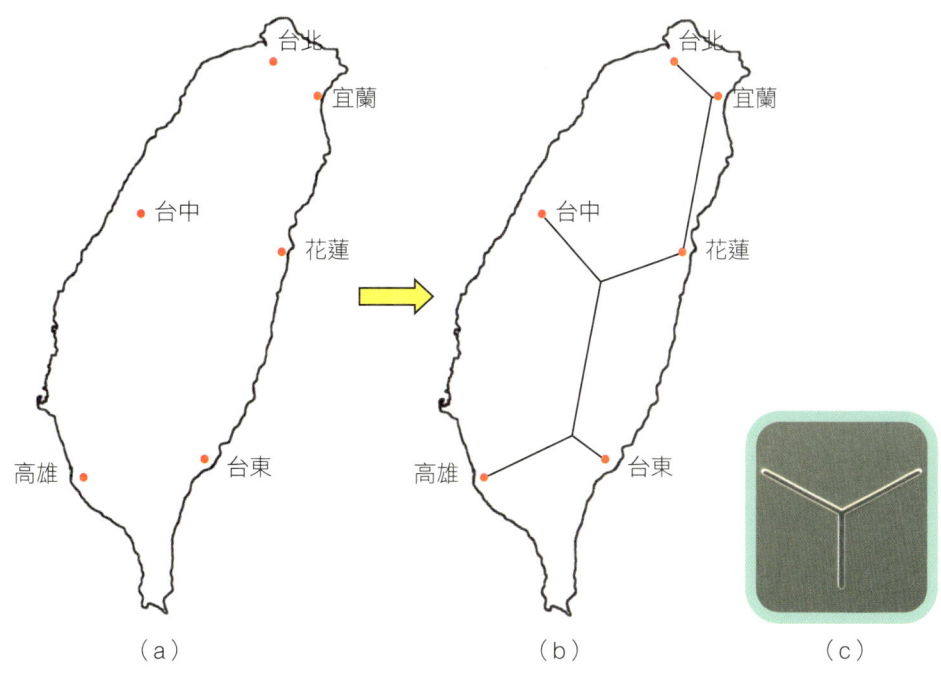

附圖 7　最短公路設計

上述的操作，學生可能會質疑只是紙上談兵，因為台灣地形多高山，不可能如此建設公路。我們除了可以說明是先練習基本概念的操作之外，另一方面也可以實際考慮此問題，也就是同樣利用壓克力板模型，將對應的障礙地形（如高山、湖泊）其中一面的壓克力板挖空，再放入泡泡水，拿起來後形成的泡泡膜就是解決方案了！

結語

　　多年來科學博物館常被詬病的問題之一，是民眾將博物館視為「遊樂場」，而非學習場所，經常可發現民眾專注於展示的趣味性，而忽視了展示看板的解說，出現「動手不動腦」的現象，本展出活動也有類似現象。因此，未來推動科普活動，如何引導民眾「動手也動腦」是必須面對解決的問題之一。克服的途徑之一是設計能夠具體、清楚、易解的圖文或是動畫，以減少民眾的「認知負荷」；另一方面是再加強現場解說人員的引介說明與臨場反應。

　　筆者服務的學系於95學年轉型更名為「科學應用與推廣學系」，目標之一即是推廣科普文章寫作與編輯、科普活動設計等，本計畫結合社區資源，實踐與國立自然科學博物館簽訂的合作交流協定，試圖將閉鎖於學院的科學教育研究，擴展至社會科學教育，對筆者以及學生都是一種新的嘗試以及新的學習，需要改進的缺失仍多，期望這種努力能縮短學校科學教育以及大眾科學教育的距離。

　　致謝：本計畫承國科會補助經費，謹此致謝（計畫編號：NSC- 94-2515-S-142-001）。

延伸閱讀

中文部分

王雲五主編（1980）。肥皂泡的成因。台灣商務印書館。

傅宗玫、陳正平（2001）。冒泡的美。科學發展月刊，29（11），788-796。

歐陽鍾米山、劉寄星（1995）。從肥皂泡到液晶生物膜。台北：牛頓出版公司。

英文部分

Boys, C. V.(1959). *Soap-bubbles: Their colours and the forces which mold them.* New York: Dover Publications, INC.

Isenberg, C.(1992). *The science of soap films and soap bubbles.* Toronto: General Publication Company.

Lawrence Hall of Science.(2005a). *Bubble festival.* University of California.

Lawrence Hall of Science.(2005b). *Bubble-ology.* University of California.

Stein, D.(2005) *How to make monstrous, huge, unbelievably big bubble.* Palo Alto: Klutz.

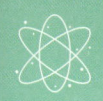

附件　正五邊形形成的泡泡膜之總路徑計算

假設五邊形邊長為1，由於形成的泡泡膜之接觸點互為120°（如A、C點），且正五邊形之內角為108度，因此△CDE角度分別為120°、42°、18°，∠CDB為66°，∠ABD為54°。且其形狀為左右對稱，因此總路徑長為：

2・(AC + CD + CE) + AB

各線段之長度分別為：

AC = 1 /（2・cos30°）≒0.577

CE = 1・cos（90°－42°）/ cos（90°－（42°+18°））= $\frac{\cos 48°}{\cos 30°}$ ≒0.773

CD = 1・cos42°－CE・sin（90°－（42°+18°））≒0.357

AB = BF －（AC・sin30° + CE）≒0.478；其中

BF = r + r・sin（108°/2）= r・(1 + sin54°)≒1.539；r為外接圓半徑（= 1 /（2・cos54°）≒0.851）

因此總路徑長 ≒3.891

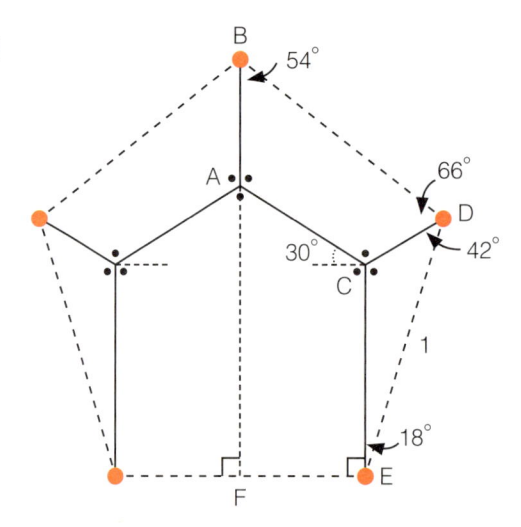

附錄3
如何由科學遊戲設計科學展覽

許良榮

每個縣市每年都會舉辦一次「中小學科學展覽」,並分為物理、化學、生物、應用科學……項目。筆者曾擔任縣市以及全國科學展覽評審,由審查過程以及中小學教師的接觸中,感受到中小學教師,尤其是科學教師,對於科學展覽的疑惑與難以著手,經常有教師提到科學展覽的題目很不好找,不曉得要做什麼題目?

科學展覽的作品如同一個科學研究,一想到「研究」兩字,就令人覺得高不可攀,似乎要有深厚的研究訓練才能勝任。其實科學研究並沒有那麼冷硬,不需要高深的科學知識或艱澀的數學基礎,只要有好奇的心、細心的觀察,任何人都可以從事科學研究。

「研究」是從「問題」開始(至少科學哲學家Karl Popper如此認為),有了好的問題、恰當的問題,就成功了一半。那如何尋找研究問題呢?以完成一件科學展覽的作品而言,「科學遊戲」可以提供很豐富的資源,可以讓我們構思不少的「研究問題」。

基本上,一個自然現象的變化,包含很多的影響因素(變項),而科學遊戲有很多就是觀察現象的變化。因此,「改變變因」(改變自變項或稱為實驗變項),探討結果(應變變項)的差異,就是一個直接而簡單的研究設計。換言之,只要思考一個科學遊戲中,能夠改變什麼實驗變項?然後觀察記錄結果的變動,將實驗結果歸納整理,就是一個研究了。

例如本書中「公雞咯咯啼」:以濕的海綿摩擦牙線,可以讓紙杯發出咯咯的聲音。研究問題至少可以包括:(1)不同粗細的牙線,發出的聲音有何差異性?(2)不同材質的線,發出的聲音有何差異性?(3)不同材質的杯子,發出的聲音有何差異性?等。再如「打結的水」:寶特瓶瓶底挖二

個洞，用手摸一下，流出來的兩股水，會匯集成一股。研究問題至少可以包括：（1）二個洞相距不同的距離，兩股水匯集成一股的變化如何？（2）二個洞相距不同的高度，兩股水匯集成一股的變化如何？（3）洞口大小不同的二個洞，兩股水匯集成一股的變化如何？

　　有了「研究問題」，接著必須思考：想要測量或觀察的現象（即應變變項）是否可行？所謂「可行」包括了是否能夠客觀記錄？以及有否測量工具？例如：「公雞咯咯啼」中比較「聲音有何差異」，牽涉如何記錄「聲音」？實際進行時，必須避免研究者的個人直接判斷，因為缺乏客觀性。最好要能有客觀的測量工具，例如：分貝計。而「打結的水」比較能夠直接觀察是否成為一股水（報告附上照片佐證更佳）。如果要觀察的現象難以客觀測量（例如：除垢效果，過於抽象），建議最好另外構思研究問題。

　　除了改變自變項以及測量應變變項之外，接著是「無關變項」的控制（亦即「控制變因」）。簡言之，改變A變項，其他變項必須一致，才能確定實驗結果是由A造成而不是其他變項造成。研究「不同粗細的牙線（或釣魚線），發出的聲音有何差異性？」則必須相同材質與長短的線；研究「二個洞相距不同的距離，兩股水匯集成一股的變化如何？」，則二個洞的大小、瓶子、水位高低等必須一致。筆者擔任科學展覽時，常發現的問題之一就是忽略了控制變因的設計。

　　此外，筆者也發現科學展覽的作品經常有實驗過多的現象，一個好的科學研究，與研究問題的多寡並無關係，重要的是實驗的必要性與邏輯關聯性，與研究問題無關的實驗反而會模糊研究的聚焦性。實驗的邏輯關聯主要是實驗變項的前後銜接，尤其是研究問題牽涉二個以上的實驗變項時更要注意。例如：在「打結的水」探討二個洞的「距離」、「高度」、「洞口大小」等三個實驗變項時，何者先進行實驗呢？由於改變「距離」時，高度與洞口大小就成為控制變項（保持一致），反之，改變「高度」時，距離與洞口大小就成為控制變項。面對此問題，可以先思考三個實驗變項中，何者是最為關鍵的變項？由於二股水是否可以變成一股，可由邏輯確定只要超過某個距離（無論洞口大小或高度），就不可能合為一股，因此先進行改變「距離」的實驗（距離以二個洞的中心距離為準），確定可以合為一股水的距離之臨界值，後續的實驗就以此距離為控制變項。

以上的進程如果都能達成，基本上就是一個合乎科學要求的科學展覽作品。最後，就是結果的整理與報告的呈現，一個作品的呈現方式（文字、圖表等）會影響評審的評價，因此建議也應花心思整理版面美工，並善用圖表表達。尤其要注意數據的「有效位數」要一致，例如：2.50公分、2.53公分……，有效位數都是小數點二位（表達了精密度的意義），2.50的零不能省略。

　　此外，提醒教師注意的是結果討論不能過於主觀，尤其是「因果推論」。探討實驗變項對於應變變項的影響，主要回答的是「How」（如何），亦即變項之間如何互動或影響，並非「Why」（為什麼），因此應避免「因為……所以……」的描述。

　　期望以上所述能夠提供中小學教師參考，或許本書提供的資訊還不足以滿足所有教師的需求，但是如果本文與本書能夠降低教師對於科學展覽的懼怕或排斥，也算是筆者小小的一份貢獻吧！

MEMO

MEMO

國家圖書館出版品預行編目(CIP)資料

玩出創意：120個創新科學遊戲／許良榮 主編. -- 二版. --
臺北市：五南圖書出版股份有限公司, 2025.05
面；公分 --（學習高手；9）
ISBN 978-626-423-320-0（平裝）

1. CST：科學教育　　2. CST：遊戲教學
3. CST：創造思考教學　4. CST：中小學教育
523.36　　　　　　　　　　　　114003596

學習高手系列009

YI01

玩出創意　120個創新科學遊戲

書籍主編 — 許良榮
編輯主編 — 黃文瓊
責任編輯 — 李敏華
封面設計 — 封怡彤
出　版　者 — 五南圖書出版股份有限公司
發　行　人 — 楊榮川
總　經　理 — 楊士清
總　編　輯 — 楊秀麗
地　　　址：106臺北市大安區和平東路二段339號4樓
電　　　話：（02）2705-5066　　傳　　真：（02）2706-6100
網　　　址：http://www.wunan.com.tw
電子郵件：wunan@wunan.com.tw
劃撥帳號：01068953
戶　　　名：五南圖書出版股份有限公司
法律顧問　林勝安律師事務所　林勝安律師
出版日期　2016 年 7 月初版一刷（共六刷）
　　　　　2025 年 5 月二版一刷
定　　價　新臺幣 380 元

※版權所有．欲利用本書內容，必須徵求本社同意※

經典永恆・名著常在

五十週年的獻禮 —— 經典名著文庫

五南，五十年了，半個世紀，人生旅程的一大半，走過來了。
思索著，邁向百年的未來歷程，能為知識界、文化學術界作些什麼？
在速食文化的生態下，有什麼值得讓人雋永品味的？

歷代經典・當今名著，經過時間的洗禮，千錘百鍊，流傳至今，光芒耀人；
不僅使我們能領悟前人的智慧，同時也增深加廣我們思考的深度與視野。
我們決心投入巨資，有計畫的系統梳選，成立「經典名著文庫」，
希望收入古今中外思想性的、充滿睿智與獨見的經典、名著。
這是一項理想性的、永續性的巨大出版工程。
不在意讀者的眾寡，只考慮它的學術價值，力求完整展現先哲思想的軌跡；
為知識界開啟一片智慧之窗，營造一座百花綻放的世界文明公園，
任君遨遊、取菁吸蜜、嘉惠學子！